U0476233

高校应用型人才培养模式研究

何延宏　著

吉林出版集团股份有限公司
全国百佳图书出版单位

图书在版编目（CIP）数据

高校应用型人才培养模式研究 / 何延宏著. —— 长春: 吉林出版集团股份有限公司, 2023.10
ISBN 978-7-5731-4433-1

Ⅰ.①高… Ⅱ.①何… Ⅲ.①高等学校—人才培养—培养模式—研究—中国 Ⅳ.①G649.2

中国版本图书馆CIP数据核字(2023)第204955号

高校应用型人才培养模式研究

GAOXIAO YINGYONGXING RENCAI PEIYANG MOSHI YANJIU

著　　者　何延宏

责任编辑　尤　雷

助理编辑　杨　帆

装帧设计　王　哲

开　　本　710 mm × 1000 mm　1/16

印　　张　12.75

字　　数　215千字

版　　次　2024 年 1 月第1版

印　　次　2024 年 1 月第1次印刷

出　　版　吉林出版集团股份有限公司

发　　行　吉林音像出版社有限责任公司
　　　　　（吉林省长春市南关区福祉大路5788号）

电　　话　0431-81629679

印　　刷　廊坊市博林印务有限公司

ISBN 978-7-5731-4433-1　　定　　价　75.00元

如发现印装质量问题，影响阅读，请与出版社联系调换。

前　言

随着社会经济的不断发展和科技的不断进步，高校在培养高素质人才方面的角色变得越来越重要。为了适应现代化社会对人才的需求，高校应用型人才培养模式已经成为当前教育系统的一种重要趋势。应用型人才培养模式的核心在于紧密结合社会需求，将课程设置和人才培养过程贯穿于产业链中，打通教育与产业之间的交流和融合，充分发挥高校在生产一线的优势，以培养满足社会需求的高级应用型人才为目标。

鉴于此，本书依托黑龙江省高等教育教学改革项目《专业认证背景下地方应用型高校人才培养模式研究与实践》（SJGY20200420），以"高校应用型人才培养模式研究"为选题，首先阐述高校应用型人才培养模式概论，内容涵盖高校应用型人才与素质培养解读、高校应用型人才培养模式的构成、高校应用型人才培养模式的意义、高校应用型人才培养模式的特征；其次分析高校应用型人才培养模式的构建、高校应用型人才培养模式的转型、高校应用型人才培养模式的保障机制、高校应用型人才培养模式的创新研究；最后从土木工程专业人才培养目标、培养模型、课程体系以及校企合作模式四个方面定向论述高校应用型人才培养模式。

全书内容细致、严谨、完善，明确指出高校应落实应用型人才培养模式，准确地把握市场的需要，科学地调整专业与课程体系，从而更好地开展实践教学活动，落实人才培养模式的保障机制，促进应用型人才培养质量的提高。本书在内容方面也十分精练，理论与实际相结合，可为推动高校应用型人才培养模式的研究提供参考和借鉴。

笔者在写作本书的过程中，得到了许多专家学者的悉心指导与鼎力支持，在此表示真挚的谢意。由于选题涵盖内容较多，篇幅有限，时间仓促以及笔者的视野局限性，尽管主观上尽了最大努力，但书中所涉及的内容难免有疏漏之处，希望各位读者提出宝贵意见，以便笔者进一步修改，从而使本书日臻完善。

目　录

第一章　高校应用型人才培养模式概论

第一节　高校应用型人才与素质培养解读

一、高校应用型人才培养

应用型人才的概念与学术型人才的概念是相对的，二者所擅长的专业领域是不同的。学术型人才是指专门对客观规律进行研究，进而发现科学原理的人才，其所承担的主要任务是要将自然科学和社会科学领域中的客观规律转化为科学原理。应用型人才是指熟练掌握专业知识和技能，并能够将其运用到实践中的专业人才。对于应用型人才而言，其通过对专业理论知识的运用，将其熟练应用于技术管理、技术服务等方面的工作。当前社会对应用型人才的需求极为迫切，他们是行业技术的领军人物和建设者，是具有良好技术素养的专业人才，符合社会的发展需求，是未来经济发展的奠定者。

应用型人才所具有的知识结构主要是科学的知识体系，他们的任务是利用已经被人类发现并且掌握的科学原理，应用到社会发展的实践中，而不是去发现和寻找客观规律。一般而言，应用型人才所从事的工作都与生产和社会生活密切相关，能够为社会创造出直接的价值和财富。在对应用型人才进行培养的过程中，学科知识的教学仍然是最为基本的东西，但却并不是培养应用型人才的唯一价值。根据劳动市场对人才的需求，对应用型人才的课程教育可以适度偏离学科知识的系统性，为了满足学生的职业发展需求和自我发展意愿，对他们的教育可以不用再专注于专业的学科知识。在这种应用型人才培养的指导模式下，对学校的教学评价标准也应作出适当调整，不应再过于重视教学的学术水平，而是应更为重视受教育者对知识和能力发展是否满意，所培养的人才是否满足社会的需求，是否有利于可持续发展的需要。

高校应用型人才所具有的主要特点主要表现在以下方面：第一，对本专业通用的基本技能和实用技术能熟练掌握，并且对所从事的岗位具有很好的适应性；第二，能够对专业相关知识进行系统的综合和应用，并且保持有持续努力学习的意志和能力；第三，具有良好的合作意识和进取精神，同时还具有强烈的社会责任感和勇于批判的精神；第四，对所从事岗位工作中存在的问题有敏锐的洞察能力，并能找出相应的解决办法。

应用型人才作为一种特殊类型（应用型）、特殊层次（高级应用型）的人才，它在培养规格上和其他类别、层次的人才一样，由知识、能力和素质三大基本要素构成。

第一，知识、能力与素质相结合。知识是人类认识客观事物和对客观规律的积累。人才提高自身能力和素质的基础就是知识的储备，如果一个人不具备丰富的知识，那么就很难在综合素质方面达到较高的水平。在大学中，对应用型人才的培养，首先就要让学生掌握扎实的知识基础，这是提高他们能力和素质的前提条件。人的能力是在掌握一定知识的基础上，经过实践锻炼形成的。人才应当具备较高的综合能力水平，具体而言，主要有获取知识的能力、运用知识的能力、解决实际问题的能力、创新创业能力和适应社会的能力等。人才所具有的知识与能力之间可以相互作用，丰富的知识积累有助于提高人才的能力，同时人才具备较强的能力又可以促使其获取更多的知识。

人的素质是将从外部获得的知识和技能，通过个体的认识和实践，从而将其内化为自身的综合性品质。人才的素质主要包括科学文化素质、专业素质、身心素质和思想道德素质等。个人所具有的较高素质具有很强的能动作用，可以促进个人知识、能力的拓展，并更好地发挥作用。人才的知识、能力和素质，三者间的关系密切。其中，基础是知识，素质是核心，关键是能力。高校在对应用型人才培养的过程中，必须要注重知识、能力和素质的统一培养，在学生身上实现三者的协调发展，满足人才市场对应用型人才的总体要求。

第二，高校应用型人才的结构，主要包含以下方面：

首先，知识结构。知识结构主要由科学文化知识、基础理论知识、专业知识和相邻学科专业知识等四部分构成。科学文化知识包括自然科学和人文、艺术、外语以及社会科学等方面的基本知识，是本专业知识结构的基础平台；基础理论知识是从事本专业所必需的基础理论知识，由数、理、化、计算机等公共基础课构成；专业知识是从事专业工作所应具备的专业知识，由专业基础课和专业课构成。对各种知识的掌握，不仅是应用型人才适应技术密集型岗位的需要，同时也是其实现自我提升，不断满足职位变动的需求。随着经济和科技的不断发展，各个学科知识间相互融合、渗透，使得很多跨学科职位应运而生。在这种情况下，学生就必须要在掌握自身专业知识的同时，也要对相邻学科知识有所认识和了解，这样才能满足社会对人才的需求。在高校应用型人才所具备的知识结构中，基础是科学文化知识，核心是基础理论知识，关键是专业知识，其次是相邻学科专业知识。只有注重各类知识的相互渗透，夯实基础，强化核心，突出关键，才能切实培养出适应社会需要的高级应用型人才。

其次，能力结构。高校应用型人才的能力结构主要由生活适应能力、知识获取能力、专业技术能力、自我发展能力、就业创业能力和创新创造能力等构成的。其中，生活适应能力是指个人适应环境和处理日常生活问题的能力；知识获取能力是指个人具备科学的思维方式和良好的学习方法，自主学习能力强，善于收集和处理信息；专业技术能力是指个人对本专业的基础技能和技术规范掌握情况良好，并且可以综合利用所学的专业知识解决实际问题和进行技术分析的能力；自我发展能力是指具有强烈的进取心和终身学习意识，能承受挫折和失败，在总结正反两方面经验的基础上不断完善自身的能力；就业创业能力是指在就业过程中具有较强的就业竞争力以及敢于创业、善于创业的能力；创新创造能力是运用所学知识创造性解决技术难题，积极开展技术、管理、服务等方面的创新能力。

最后，素质结构。高校应用型人才的素质结构主要包括科学文化素质、思想道德素质、专业素质和身心素质等。其中，科学文化素质包括自然科学、人文科学以及社会科学等方面的知识与素养；思想道德素质包括正确的政治观念，坚定的理想信念，科学的世界观、人生观、价值观，高尚的道德情操及理性的思维方式等内容。专业素质包括对专业知识、专业技术等内容的掌握程度及应用能力；身心素质包括健康的体魄和良好的心理。其中，处于主导地位的是思想道德素质，应用型人才素质是灵魂，这是因为人才只有具备良好的思想道德素质，才能在科学文化素质和专业素质方面得到更好的提升，才能始终保持良好的心理状态；而良好的思想道德素质，是企业录用人才的关键，对科学文化素质、专业素质以及身心素质的发挥具有重要的推动作用。

二、高校应用型人才素质培养

高校应用型人才的素质培养主要包含以下方面，如图1-1所示。

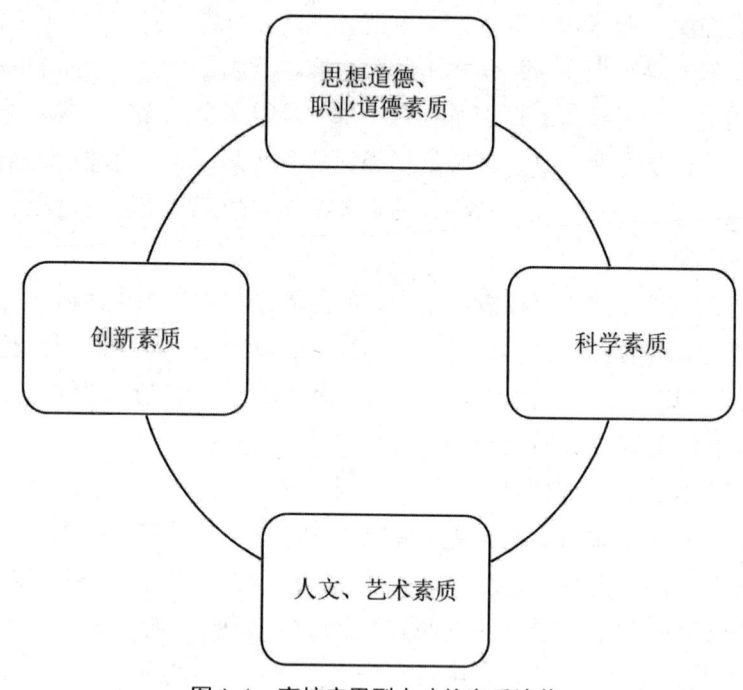

图1-1　高校应用型人才的素质培养

（一）思想道德、职业道德素质

思想道德素质在学生的素质结构中占据着重要的地位。对学生人生发展具有定向和动力的作用。具体而言，当前学生思想道德素质教育主要包括以下内容：

1. 法制纪律培养

法制纪律教育的目的是培养懂纪知法、遵纪守法的公民。通过宪法教育、法律教育和纪律教育，使学生将这些强制性的规范内化为自觉的道德行为习惯和内心驱使。遵纪守法应成为学生必需的基本素质。在进行法纪教育时，要注意在加强纪律教育和日常行为规范教育的同时，加大法制教育的力度，把纪律要求和法制要求转变为学生自觉遵纪守法的意识，以规范学生的行为，提高学生遵纪守法的自觉性，使学生懂得只有健全和完善社会主义法制，才能享受到真正的民主，使学生认识到，对他人、对家庭、对社会、对工作缺乏责任感，不讲社会公德、家庭美德、职业道德，不忠于职守，都是公民意识缺乏的表现，都是法治观念不强的表现。

2. 诚信教育

诚信是为人之基，做人之本。诚信缺失的人，也不可能具备坚定的理想信念。一个在平时不讲诚信的人，在进行价值选择时也是一个利己主义者。诚信也是大学生全面发展的前提。诚实守信，才能更加真诚对待自己，才能不断提高思想道德素质、科学文化素质、身心健康素质、审美素质等，实现全面发展。向学生进行诚信教育，就是引导学生确立诚信意识、诚信行为、诚信品质。

3. 人口及环境教育

近年来，世界人口的迅猛增长，资源的极度开发，生态环境恶化，人们生活质量下降。基于当前环境的严峻形势及人们环保意识的淡漠，人口及环境教育应成为高校道德教育的重点，向学生普及环保知识，解析环境形势，增强其爱护家园的意识，使他们自觉爱护人类的唯一家园——地球。思想道德素质教育的这一功能，不仅有益于国家，而且有益于人类的生存和发展，符合素质教育的基本要求。

4. 奋斗观念培育

不懈奋斗才能自强不息、勇往直前，所以应教育学生刻苦学习，勤勉发奋，立志成才。在社会建设中实现自身的价值，要确立学生正确的奋斗观，摒弃以自我为中心、个人奋斗的错误观念和意识。竞争与合作共存的时代，更加需要能容人、能与人合作共事、互相促进的人才。社会的发展是人们团结一致、彼此配合共同推动的。因此，在进行奋斗观念教育的同时，要强化学生的合作精神和团队精神教育。

5. 工匠精神的培育

爱岗敬业、精益求精、一丝不苟的大国工匠精神是每个学生应具备的最基本的职业道德。"大任担当、大巧破难、大道无疆、大术无极"是对工匠精神最好的诠释。

（二）科学素质

提高大学生的科学素质，是一个系统的教育功能，需要社会、学校、家庭及学生自身等各方面的努力。在未来的学校教育中，必须要加强对学生科学素质教育的深入研究和探讨，不仅要提高学生的科学素养，同时还要提高学生的科学实践能力。

1. 科学素质培养的精神弘扬

在对学生进行科学素质教育的过程中，弘扬科学精神是重点。科学精神的核心是开拓创新精神和实事求是精神。因此，对学生的科学素质教育，不仅要对科学精神进行弘扬，同时也要向他们传播创新精神和实事求是精神的实质。

（1）开拓创新精神，主要包含以下方面：

第一，开拓创新精神的意义。不断进行开拓和创新，是科学具有强大生命力、创造力的根本原因。从一定意义上而言，科学的发展历史，实际上就是在认识和实践的基础上不断进行开拓创新的艰苦历程。如果没有人们对于理论的开拓创新，那么就不会有科学的发展，也不会有社会的进步。由此可见，开拓精神对于人类和科学的发展具有重要的意义，主要表现在以下方面：

首先，开拓创新精神是促成事业成功的关键素质。所有获得成功的人，身上都会具有一定程度的共性，而具有开拓创新精神则是其中重要的一项。如果一个人在其他素质上都存在缺陷，但唯独具有积极的开拓创新精神，那么其在事业上通常也会取得一定的成就。

其次，开拓创新精神是提高综合素质的有效途径。对于个人而言，如果其具有良好的开拓创新精神，那么其在文化素质、心理素质等方面都会有较大的提高。如果学生具有良好的开拓创新精神，那么在面对问题的过程中，就会提出自己的见解和解决问题的方法，在这种情况下，他的内心就会被兴奋和充实所充斥，从而拥有积极的生活状态。如果他提出的观点能够得到他人的赏识和赞美，那么自信心就会增加，克服不良的心理情绪，有利于个人综合素质的提高。

最后，开拓创新精神是当今社会的迫切需要。当今社会，竞争无处不在，要想在这种激烈的竞争环境中寻求突破，拥有开拓创新精神是一种有效的手段。在面对问题的过程中，敢于创新思路，打开工作的新局面，这样才能在竞争中脱颖而出。如果一个人缺乏创新精神，总是墨守成规，那么他在未来的工作中很可能会遇到更多的问题，甚至会导致事业的失败。

第二，开拓创新精神的培养，主要包含以下方面：

首先，学会换位思考。换位思考法是指与对方互换位置，站在对方的角度思考问题，找到其中存在的不足之处，然后有针对性提出改善的方法，提高解决问题的能力。通过换位思考法，可以加深对对方的理解，对对方更加宽容，减少矛盾的出现，同时也可以发现自身工作的不足之处，发现工作的新思路。

其次，学会反向思维。反向思维法是指对提出的一项观点，假定它是错误的，而其反向的观点是正确的，然后再进行后续推理的方法。通过运用反向思维法，可以发现观点中存在的不足之处，以及反向观点的优点，对这两种观点取长补短，最终总结出一种优于这两种观点的新观点。

再次，学会中观思维法。中观思维法是指站在中间的立场去思考问题。通过该种方法，可以避免因自身所处的立场从而产生偏见，可以得出更为公允的结论，提高自身的思维能力。

最后，增加才识，壮大胆识。在学到了更多、更广泛、更深入的知识之后，才能对事务产生更多不同的观点，才能在面对不同观点时激发自身的想象力和创造力。要提高自身处理社交的能力，敢于表现自己，提出自己的观点，做到敢想、敢做、敢于标新立异。善于抓住表现自己的机会，表达自己对实务的看法，通过与他们观点的碰撞从而产生新的观点和看法。

（2）实事求是精神，主要包含以下方面：

第一，实事求是精神的意义。培养科学精神的根本是要做到实事求是。实事，就是客观存在着的一切事物。"是"就是客观事物的内部联系，即规律性；"求"就是去研究。要做到实事求是，就必须要从实际对象出发，发现事物的内部联系，并探寻其发展中所具有的规律性的东西，认识事物的本质。在人类和社会的发展中，实事求是精神起着重要的作用。

首先，实事求是精神是认识真理、掌握真理的重要工具。所谓的真理，都是对客观事物及其规律在人们意识里的正确反映。因此，如果想要认识真理、掌握真理，就必须要从实际出发。如果认识是在脱离实际、歪曲事实的前提下所得出，那必然不会成为真理。只有在秉持实事求是精神的前提下，才能占有更多的和更为详细的资料，在对这些资料进行深入分析之后，才可能最终得出真理、掌握真理。

其次，实事求是精神能够帮助人们更好地改造世界。认识的最终目的并不仅仅在于认识世界、掌握真理，其真正目的在于改造世界，推动社会不断向前发展。人们在认识真理的基础上，只有具备实事求是的精神，才能一切从实际出发，根据掌握的客观规律来改造世界，从而为推动人类社会发展作出贡献。

最后，具备实事求是精神，才能在改造客观世界中成为强者在改造世界的过程中，必定会遇到很多困难，但要坚信前途是光明的。人们必须要具备实事求是的精神，认识到改造世界的道路的曲折性和前途的光明性，这样才能提高其面对困难和解决困难的信心和决心，并在改造世界的过程中获得更大的收获。

第二，实事求是精神的培养，主要包含以下方面：

首先，加强思想教育，不断提高自觉性。培养学生的实事求是精神，可以通过举办讲座、培训和组织社团活动的形式进行，让他们认识到具备实事求是精神的重要性，自觉运用实事求是精神去看待和解决问题。

其次，提倡善于借鉴，兼听则明。所有的事物都处于运动变化中，因此人们在认识客观世界的过程中，要善于借鉴他人的研究成果，听取多方面的意见和建议，这样才能够坚持实事求是的观点，做到一切从实际出发。

再次，倡导调查研究。调查是指运用多种不同的方法和途径，有计划有目的地对事物的真实情况进行了解。研究是指对调查材料进行去粗取精、去伪存真、由此及彼、由表及里的思维加工，从而能够发现事物中存在的规律，认识事物的本质。通过调查研究，可以提高人的认识能力、判断能力和学习能力，让人们以实事求是的观点看待问题，提出符合客观实际的观点。

最后，坚持持之以恒。坚持持之以恒是培养实事求是精神的关键。无论做任何事情，都坚持以实事求是的观点看待问题，这样才能对事物有科学的认识，能够客观地看待世界，并对其进行科学的改造。

2. 科学素质培养的实践路径

对学生进行科学素质教育是一项系统工程，需要长时间的坚持，并采用有效的教育方法，这样才能在学生科学素质教育工程中取得良好的效果。

（1）转变教育观念。加强对学生科学素质的教育与培养，需要明确的是，对学生的科学素质教育是教育观念的一种，其强调的是要提高学生的内在素质，认为对学生的教育不应仅是局限在传授知识当中。因此，为了培养出优秀的具有高科学素质的应用型人才，高校就必须要在教学形式、内容、方法等方面进行变革，从而满足社会的需求。

（2）重视教育内容。高校必须要对教育内容进行改革，具体而言可以从以下方面着手：

第一，在教育过程中，不仅要注重对科学知识的传授，同时还要注重对创立者的创立背景、生平和其中曲折的过程进行讲解。例如，在讲解微积分时，应当对莱布尼茨的生平事迹也进行一定程度的讲解，让学生对莱布尼茨的人物形象有大致的印象。

第二，不仅要对学生传授已经成熟的知识体系，同时也要让学生了解该专业或是领域的研究动态，掌握最新的学术前沿，引导学生求异创新。或是可以在高校开设创新的选修课，提高学生的创新能力。

第四，对学生知识的传授不仅涉及理论知识的本身，同时还要学生了解到知识的发展和获得方式。高校可以开设科学技术史作为选修课，让学生对科学技术的发展有一个更为清晰的了解。

第三，对知识的讲解不仅要注重理论，同时还要注重将其运用到实践中的方法，在实际应用中对可能遇到的问题进行预测，并讨论解决方法。

（3）改变教学方式。想要提高大学生的科学素质，可以采用以下教学模式：

第一，开放型教学模式。该种教学模式是以学生为主导，充分发挥学生的主体作用，做到"以学生为本"。具体而言，可以从以下方面着手：

首先，从教师与学生在教学中的地位来分析。在教学活动中，要充分发挥学生的主体地位，发挥其在教学活动中最基础的作用。尽管教师和学生都是教学活动的主体，但在实践中，学生的主体地位却具有基础性。重视学生主体地位，有利于调动起学生学习的积极性，改变以往以教师为主导的教学模式。这种教学方式的实行，就为教师提出了更高的要求，教师必须要不断进行学习，充实自我，提高自己对知识掌握的广度和深度，满足学生的需求。同时，教师也应正视自身在教学活动中的位置，做到师生平等，尊重学生，明确学生在教学活动中的基础地位。

其次，从教师与学生在教学过程中的作用来分析。从一定程度而言，教师确实在教学活动中发挥着关键性的作用，如果教师的教学水平高，那么其所教出来的学生成才的机会要更大。但是，从本质上而言，学生的成才与否，学生才是内因，教师只是外因。想要教育学生成才，关键是要看学生自身是否对学习有兴趣，是否具有努力学习的恒心。只有明确学生在教学活动中的决定性作用，才能有针对性地采取措施，提高教学质量。

最后，从教师与学生在教学过程中的相互关系来分析。在整个教学活动中，师生之间进行互动的目的只有一个，就是教育学生成才。现代教育研究表明，师生之间应该是平等的关系，要改变以往"教师为主，学生为辅"的教学模式。教师要尊重学生，对学生做到平等对待。

第二，研究型教学模式。研究型教学模式主要包括以下方面：

首先，问题研讨式。问题研讨式教学模式是指在实践教学中，将问题作为中心来进行学习和教学等活动。问题研讨式教学模式的特点是将问题的设计和回答作为主要形式，层层推进，由浅入深、由表及里地解决教学中遇到的重点和难点。这些重点和难点，一般是由教师设问，然后学生回答，或是通过学生互问互答的形式来尽心解决的。问题研讨式的教学形式，要求学生始终保持怀疑精神敢于质疑，打破以往知识理论的限制，积极主动思考问题，主动探究问题，然后在教师的指导下解决遇到的难题，体会到学习的乐趣。问题研讨式教学模式不仅有利于发挥教师的主导作用，同时还有利于培养学生独立学习的能力、逻辑思维能力、创造能力、探究能力等，有利于全面提高大学生的科学素质水平。

其次，课题研究式。课题研究的主要目的是认识和解决某一问题，其包括多种类型，具体而言，主要有实验研究、调查研究和文献研究等。课题研究模式是模仿科学研究的一般过程来进行的，先要选择一定的课题，然后通过调查、测量、文献资料搜集等手段，对资料进行全面的收集和整理，然后再通过实证等研究方法对课程进行研究，同时还要撰写研究报告。通过该种模式的教学，有利于帮助学生在课题研究的过程中，掌握更多的实践知识，对提高大学生的科学素质具有重要的作用。

最后，多元综合探索式。多元综合探索式重视科学知识的综合性和渗透性，鼓励学生在研究性学习中充分调动起自身的知识经验，敢于批判或质疑以往的理论观点和科学成果，培养学生的批判精神、发散性创造思维和独立研究能力，对提高学生的科学素质具有重要的意义。

第三，反思型教学模式。反思型教学模式要求教师和学生对以往的教学和学习行为进行反思，然后进行批判式的研究和分析，拒绝简单重复。通过对以往教学和学习活动的反思，教师和学生可以对以往的实践活动进行批判性的思考、审视和探究，在找到问题的症结处之后再有针对性地进行改进，从而提高教学质量和学习质量。反思型教学模式要求教学主体对教学中遇到的问题要进行持续性的探究，问题的最终解决与教学主体认识的发展之间有着密切的联系。由此可见，该种教学模式是将"学会教学"和"学会学习"

相结合，对推动师生间的共同发展具有重要的作用。

（4）建立一支适应科学素质教育要求的师资队伍。在教师教学的过程中，不仅是对学生进行知识的传授，同时也是将自身的品德、作风、人格等教给学生，对于学生未来品格的形成具有重要的影响，甚至还会对学生未来人生的发展也产生重要的作用。因此，想要提高学生的科学素质水平，建立一支具有高水平科学素质的教师队伍也是极为重要的。

第一，适应科学素质教育要求的师资队伍应具备的素质，主要包含以下方面：

首先，身体心理素质。一般而言，良好的身体心理素质主要包括有强健的体魄、愉快的情绪、正确的认知、执着的信念、坚强的意志、合理的需要、完整的人格和广泛的兴趣等。具备良好的身体心理素质，无论是对教学活动的顺利进行、教师自身的发展，还是对学生个性的全面发展都有重要的基础作用。

其次，知识素质。培养学生的科学素质，教师不仅要满足科学素质教育要求，同时也要具备一定的知识素质，拥有良好的本体性知识和条件性知识。本体性知识是指教师所具备的与各学科相关的知识，包括数学、英语、物理、化学等。条件性知识则是指与教育教学相关的理论、知识等，包括教育的基本理论、特点、规律等，或者是政治学、社会学、教学设计等。

再次，教学素质。教学素质是指高校教师在对学生进行科学素质教育过程中所应具备的素质。高校教师应创新课程评价体系，汇总评价学生的基本技能、实践效果、实践成果、解决问题的能力、沟通与表达等能力。衡量学生的学习成绩应综合定性和定量的测量方法，尽可能地形象化研究结果。"应该利用最新的技术和形式，让教学活动实现翻转，使学生成为学习的主导。通过线上线下平台互动，提升教学效果"[①]。教学素质主要包括以下内容（表1-1）：

---

① 沈威. 高校应用型人才培养路径与区域经济发展融合的探讨 [J]. 活力，2023（3）：131.

表1-1　教学素质

类别	内容
教学能力	教学能力，实际上就是日常生活中人们常说的教学技能和教学技巧等。在教师能力结构中，教学能力是其中最重要的一项，可以对教学信息进行加工和传导以及对教学的组织管理能力。在实践教学中，教师只有具备了良好的教学能力，才能对教学信息进行合理的加工和传导，进而被学生所接受和学习
科研能力	教师所具备的科研能力主要包括教师要对自身所具有的专业知识和教育理论进行深入的研究，及时掌握与本学科相关的科研动态，走在本学科研究的前沿，不断提高自身的教学质量
创新能力	在信息社会，创新已经成为一个民族发展的不竭动力。面对社会政治、经济环境的不断变化，新的问题不断产生的情况下，教师就必须要具备一定的创新能力，运用创新精神不断解决新问题，满足学生和社会的发展需求
实践能力	实践能力对于一个科学素质教育教师而言也是极为重要的。应当明确的是，学习的最终目的是指导实践，因此在对学生进行科学素质教育教学的过程中，教师首先就必须具备较强的实践能力。在教学中，教师要根据学科特点和学生的实际状态，理论联系实际，让学生的生活中逐渐感悟理论知识，在实践中逐渐提高分析问题和解决问题的能力

最后，科学素质。教师所应具备的科学素质主要包括有科学知识、科学精神、科学方法和科学态度等，这些都是追求真理所应具备的基本要素（表1-2）。

表1-2　科学素质

类别	内容
科学知识	科学知识是指自然现象和过程的本质、规律的认识，科学知识是科学素质的基础
科学精神	科学精神包括创造精神、求实精神、理性精神、批判精神和发展精神等，核心是创造精神
科学方法	科学方法是指人们在认识世界过程中所总结出来的正确的思维方法，其为人们认识世界提供了独特的视角和思维方法
科学态度	科学态度是指人们在探索真理的过程中必须要始终坚持实事求是的原则

此外，还有政治素质。政治素质是科学素质教育教师必须要具有的一项素质。这是因为教师在对学生进行教学的过程中，会对学生的世界观、人生

观和价值观产生重要的影响。当前社会环境复杂多变，教师必须要具备良好的政治素质，保持正确的政治立场，坚持正确的政治方向，能够在政治的高度上探究和分析问题，坚定不移地维护党的路线、方针、政策。

第二，适应科学素质教育要求的师资队伍的建设。在高校中建立一支满足科学素质教育要求的教师队伍，需要做到以下方面：

首先，积极开展科学素质教育教师的培训工作。在高校中建立一支专门的科学素质教育教师队伍并对其进行培训，建立起一项分层次、多形式的培训体系。定期组织高校科学素质教育教师进行培训，鼓励他们走出校园，在社会实践中积累更多、更丰富的教学素材。

其次，搭建科学素质教育工作队伍的发展平台。在高校教育中，大多数从事科学素质教育教师的事业心都较强，尤其是对于那些学历层次较高、业务较强的中青年教师而言，就更是如此。他们通常不仅仅满足于成为一名合格的教育者，而是想将相关学科作为依托，发展独立的专业，在学术研究方面获得一定的成就，甚至于想走在某学科领域的前沿。因此，高校应对学科和学位点建设重点关注，积极扶持，努力培养优秀的学术人才，为科学素质教育的工作提供更为广阔的发展平台。

再次，加大对科学素质教育工作者进修培训的资金支持。高校或是相关部门应设置专项资金，用于对科学素质教育工作者进修和培训的支持。根据教师职称等级的不同，每年为其提供一定的资助金额，用于他们参加各项学术交流活动的经费，不断提高教师的科学素养和业务水平。

最后，积极引进高水平、高素质的新教师。对待科学素质教育工作者，高校要努力为其提供良好的工作条件，给予其较为优惠的待遇，吸引那些专业学术更强的高素质人才参与进来，为科学素质教师队伍补充新鲜的血液，作为教师队伍的重要补充，这样对维持稳定和优质的科学素质教育教师队伍具有重要的作用。

（三）人文、艺术素质

如何使大学生人文、艺术素质教育的效果得到最大化，需要对其路径进行研究和探索，主要包含以下方面：

1. 加强课堂教育建设

（1）完整的课程体系。在进行人文、艺术素质课堂教育时，需要构建一个完整的人文、艺术素质教育课程体系，这样做可以使人文、艺术教育具有系统性和特征。完整的课程体系包括两类：一类是以提高学生读、写、交流等方面能力为目标的技能型课程；另一类是构成人类知识体系的基本学科（人文科学、艺术科学、社会科学、自然科学）的知识型课程。这两类课程的设置有助于促进学生的个性发展，帮助学生完善知识结构，让学生在看待社会和自然界时有一个全面而客观的眼光。

（2）启发式教学。对学生进行人文、艺术素质教育的目的是培养独立行动、独立思考的人。因此，在进行人文素质教学时应采用启发式教学。孔子是最早提出启发式教学的人，"夫子循循然善诱人"（《论语·子罕》）。"不愤不启，不悱不发，举一隅，不以三隅反，则不复也"（《论语·述而》），孔子认为，不到他努力想弄明白而不得的程度不要去开导他，不到他心里明白却不能完善表达出来的程度不要去启发他。如果他不能举一反三，就不要再反复地给他举例。好的教学就是培养学生独立思考的能力，为此要让学生多思考，而不是直接向学生灌输道理和所谓的正确答案。这也是在进行人文素质教学时教师需要借鉴的。在教学时要以学生为中心，教师为指导，在互相交流中使学生的思想得到发展，知识得以丰富和完善。

（3）课内外活动的互动。课堂教育并不只是在课堂45分钟之内进行的教育，它需要教师和学生在课外进行准备、消化和补充。因此，要做好课内外活动的互动，可以以课题小组、实验学习、集中项目、专题研究的模式开展教学。这些模式不占用课堂时间，需要学生有良好的合作力和研究能力，进行课内外活动互动，有利于促进学生的个性发展以及创造力、合作精神的培养。

（4）人文、艺术教育与专业教育中的融合。在对学生进行人文素质教育时，还必须将专业教育与人文、艺术素质教育两者相融合。因为在专业课程教学中，科学史与科学家精神、教师自己的治学之道都浸润其中，这些都是人文、艺术教育的一部分，在专业教育中将其融合进去，有助于学生形成一个正确对待科学、对待知识和社会的态度。专业教师在教学过程中进行人文、艺术教育可以通过以下途径：首先，对于专业课中关于人文、艺术知识方面的资源要进行深入挖掘，要在教学的过程中将人文、艺术知识融入进去，从学生的实际出发，对教材作出灵活处理；其次，根据专业的特点推进人文、艺术素质教育；最后，结合专业实践活动推进人文素质教育。

2. 落实校园文化建设

（1）加强对校园文化的思想引导。高校校园文化是时代文化的先锋，对于时代的发展变化大学文化最先体现出来。当代大学生应加强对于时代的关注和思考，对于社会文化也要有自己独立清晰的判断，而不是盲从。人文素质的培养需要有文化的浸润。如果校园没有一个良好的学术氛围，那么校园文化就会被庸俗流行文化所占领。因此，教育者要加强对学生思想的引领，要鼓励大学生积极进行创作，钻研学术，要大力提倡高雅文化，开展学术研究活动，来提高学生的人文素质。

（2）充分发挥教师群体的主导作用。校园文化是以校园为空间背景，由教育者和被教育者双重主体围绕教学活动和校园生活而创制并共享的。校园文化的建设需要校园中的人来参加，而只有学生活动是远远不够的。进行校园文化需要校园领导、教师、学生共同参与进来，需要校园中每一个个体贡献出自己的力量。在调动起学生的主动性的同时，也要加强教师群体的引导作用。大学教师是大学校园文化中的主要创造者和传播者，教师群体要比学生群体更具有稳定性，他们是学校理念的执行者和实践者，他们的为人师表、行为示范会对学校的校园文化有着不可估量的作用和影响。

（3）拓宽大学生活动平台。大学生活动作为校园文化的一部分，是和学生最贴近的校园文化。通过开展丰富多彩的大学生活动，有助于大学生人文素质的提升。要拓宽大学生活动平台，为人文素质教育提供新的载体。学术科技活动是高校学术特色的体现，也反映了一个高校的学术水平如何。学术活动主要有专题学术讲座、开展读书研究、鼓励学生创办校内学术刊物、鼓励学生开展科研活动等。通过组织学生开展各类科技活动，如学科竞赛和创新成果评比活动等，可以锻炼大学生的创新意识和创新思维。开展人文讲座也是提升大学生人文素质的重要活动途径，将人文知识通过灵活多变的文化活动展现出来，可以使学生得到教育和熏陶，进而促进大学生人文修养得到发展和提升。

3. 利用网络新媒体

（1）做好人文素质教育公众号建设。随着时代的发展，科学技术的进步，使得自媒体变成流行。高校也应当利用这一时机，做好人文素质教育公众号建设，通过专人负责，每天更新内容，为学生提供丰富的人文知识内容。

（2）利用互联网加强人文素质教育。网络技术的不断发展给当前学生的生活带来很大的影响，它增强了学生的主体性。网络具有的开放性和便捷性为加强人文素质教育提供了一个新的载体。教师可以通过互联网搜集更多的人文资源，利用网络技术不断更新教学内容。政府和高校应联合起来，建立专门的人文素质教育网站，为大学生自主学习搭建一个良好的平台。

（3）利用即时通信技术。腾讯 QQ、微信等即时通信技术的发展也为人文教育提供了新的渠道。教师要积极建立人文素质教育相关的腾讯 QQ 群、微信群，主动将人文素质教育延伸到学生的日常生活交流中，使通信技术可以克服传统课堂的不足，打破传统意义上的班级概念，通过传递信息等方式方便有效地进行人文素质教育。

综上所述，高校应用型人才培养要求学生在专业知识、专业技能以及人文素质等方面全面发展。如何加强人文素质教育，依然是需要探索的课题。为此，有必要在总结经验的基础上，借鉴优秀人文教育的成功做法，构建应用型人才人文素质培养体系，做到可持续发展。

（四）创新素质

1. 创新素质教育的实施方法

想要提高大学生的创新素质，就必须要建立起科学的教育培养方式。世界上的很多发达国家，为了培养具有创新素质的应用型人才，对高校内的教育体制、课程设置、教育模式和人才培养模式等都进行了改革，并实行了一系列具有针对性的有效措施。近年来，我国很多高校也开始对培养创新素质的应用型人才进行了一系列的探索，并总结出了一些有效的教育方法，具体而言，主要包含以下方面：

（1）探索性研究法。对学生创新意识和创新思想的培养是一个漫长的过程，不能一蹴而就。这就需要高校开展教育的过程中，不断加强对学生创新意识的培养。在涉及学生专业领域的研究过程中，如果发现该领域的研究出现了新的研究动态和研究成果，就需要鼓励学生积极去了解与该领域相关的前沿知识理论，提高学生学习的积极主动性，为培养学生的创新实践能力奠定坚实的基础。随着探索过程的不断深入，学生的创新意识才能被逐渐激发，并在未来的工作和学习中不自觉地运用，获得良好的实践效果。

（2）探究性学习法。探究性学习是指将传统教学模式中由教师单向讲授的方式，转变为师生双方通过对话和讨论，共同进行交流和探究。在该教学模式中，教师是引导者，学生是探求者。在具体实施过程中，需要设置一个问题情境，从而激发起学生的研究兴趣，引导学生自主对问题进行探究和探索，找到解决的方式，进行科学的思维活动。在教学活动中还要注意鼓励学生对传统理论质疑，发表自己的独特见解，帮助学生养成积极的思维习惯，提高学生发现问题和解决问题的能力。美国研究型大学在 20 世纪 80 年代以来，针对探究性学习进行了一系列的研究和实践，最终找到了一系列有效的教学模式，包括"苏格拉底教学法""案例教学法"等。近年来，随着我国教育模式的改变，对应用型高素质人才需求的不断增加，我国高校也引入了讨论、案例教学等方法，并在实践教学中取得了不错的成效。

（3）评价激励导向法。学生的创新能力还受到鼓励创新机制的影响。当前社会，对高创新素质的应用型人才需求很大，因此在高校教育过程中，必须要建立起相应的鼓励创新机制，提高学生创新的内在动力，保护学生的个人发展，对学生的创新行为予以肯定，并且对那些获得良好创新成果的学生给予一定的精神奖励或是物质奖励。在教育实践中，要鼓励学生树立创新的目标，培养学生的创新意识，敢于创新，对学生的简单重复或是模拟行为予以否定。在对学生的行为进行总结性评价的过程中，要重视形成性与诊断性评价，对那些课题完成不佳但是却具有创新思想的学生给予鼓励和肯定。对学生学习状况的评价要注意两方面的内容，一方面，要注意考察学生对知识的掌握程度；另一方面，要检测学生的创新能力，只有这样才能够真正对学生起到导向和激励的重要作用。

2. 创新素质教育的实践路径

增强大学生的创新素质教育，一个最重要的问题是要建立起大学生创新素质教育的实施途径。大学生的创新素质教育是一项系统工程，因此在实施的过程中，必须要注意进行多角度、全方位的综合建设。

（1）树立创新素质教育的观念。培养具有创新素质的应用型人才，前提是要树立起创新素质教育观念。对高校而言，想要培养出更多的满足社会需求的创新应用型人才，就必须要实行一系列的措施，全面提高大学生的创新能力和综合素质。

（2）加强创新型师资队伍建设。高校创新型人才的培养，一批能够胜任创新素质教育的创新型教师是必不可少的。对大学生创新素质的培养，首先，教育者本身要具有较高的创新能力，善于发现，乐于寻求问题的答案，这样教出来的学生才会具有更高的创新能力；其次，教师要能够保持平等的心态，与学生共同学习，有良好的教学心态；再次，高校要建立起良好的教学环境，满足创新型教师的需求；最后，在组织创造性活动的过程中，要注重对学生进行鼓励、肯定或是评价。除此之外，创新型教师还应该掌握和了解创新型人才培养的基本规律，能够顺利解决在创新型人才培养过程中所遇到的问题。加强创新型师资队伍建设采取的措施主要有：设立学术休假制度、课程教学发展咨询服务、各种研讨会、教学资源服务以及教学补助金，以此来帮助教师提高学术、教学水平，不断改进教学方式，提高教学实效性。

（3）实现课程体系、教学内容、教学手段的创新，主要包含以下方面：

第一，课程体系创新。课程体系创新是指构建通识教育与专业教育平衡的课程体系。通识教育是指在大学中开设通识课程，开阔学生的视野，让学生了解与人生相关的知识、原则与方法，在人文科学的文学、哲学、史学、经济学、社会学、政治学与自然科学领域的学习中融会贯通。开设通识教育是当前高校教育改革的发展趋势，同时也是培养创新型人才的一项重要措施。

第二，教学内容创新。高校所实施的创新素质教育，主要还是应落实到实际的教学内容中。为了满足市场对创新型人才的需求，高校的教学内容应以市场为导向，掌握科学技术发展的动态趋势。高校教学内容的创新主要表现在两个方面：

首先，科技创新教育。高校实施科技创新教育包括多个方面的内容，具体而言主要有知识创新、技术创新、技术发明等。其中，知识创新教育主要重视的是科学发现方面的教育，鼓励学生通过科学的观察和实验去探索事物的真相，发现事物发展的规律，提高学生的发现和探索精神。技术创新是指将在科技方面发现的最近成果，应用到生产实践中，并最终转化为商品为企业带来利润的过程，这是科技与经济的有效结合。通过技术创新教育，可以让学生认识到创新的功能和过程步骤，了解国家创新体系的机构等方面的内容。技术发明教育主要是让学生了解并掌握发明创造的价值，以及发明创造中应当遵守的原则和方法等。

其次，创业教育。实际上，创业也是一种创新活动，并且是具有高难度的、综合性的创新活动。从一定程度上而言，创业教育可以被看作是创新素质教育的延伸，其教育理念是要培养学生开拓事业的精神和能力。如今已经进入经济和信息时代，社会发展日新月异，这就要求学生要具有较高的创新素质，能够对未来的变化进行准确的预测，并能积极应对，这是当前高校创新教育的重点。目前，很多应用型高校对创业教育进行了一系列的改革：建立科技开发园区、建立创业教育学分、建立学生创业团队、设立创业种子基金、组织各种创业竞赛等，吸引学生积极参与到创业教育之中，对实现学生的个性发展起到了重要作用，同时对提高学生的创新素质和市场竞争力也具有重要意义。

最后，教学手段创新。从现阶段而言，实现高效教学手段的创新，实际上指的就是推动高校教育的信息化进程。实现高校的信息化进程是一项系统的工程，对提高大学生的素质教育具有重要的作用，可以实现资源的融通化、教材多媒体化、学习自主化、教学个性化、教育民主化、活动合作化、环境虚拟化和管理自动化。

（4）加强大学创新文化环境建设。大学文化是一个大学赖以生存的根基。高校良好的创新文化环境，对培养学生的创新意识是极为有利的。环境对人们创新意识的培养，会受到一定因素的影响，具体见表1-3。

表1-3　高校环境对创新意识培养的影响因素

影响因素	具体内容
时代发展的需求	维持与发展社会制度的需求，经济和社会生产力的发展需求
创新环境的建立	是否得到领导的支持，人们是否有心理安全和自由，是否崇尚创新等
创新条件的保证	在场所、时间、图书资料、资金、信息技术和指导教师等方面的保证
创新成果的处理	如在场所、时间、图书资料、资金、信息技术和指导教师等方面的保证
鼓励创新的制度与措施	鼓励创新的制度与措施

如果高校能够建立并维护好以上因素，就能够在校园内部建立起一种良好的创新文化氛围，有利于提高师生的创新意识，提高师生的创新能力。

第二节　高校应用型人才培养模式的构成

一、高校应用型人才培养模式的层次

在第二次工业革命之后，科技的迅速发展引发了社会分工的深刻细化，催生出多样化的人才类型。这些人才在社会中扮演着不同的角色，主要分为学术型、应用型和技能型，虽然在分工上存在差异，却又平行共存。

应用型人才是其中一类关键性的人才，他们从事的是非理论研究性工作，将抽象的理论知识转化为具体的操作或实际产品，强调"用"的方向。这类人才在满足社会经济需求、创造财富以及推动社会发展方面发挥着至关重要的作用，实现了个人价值的同时也为整个社会进步贡献力量。他们分为不同的层次，包括专科、本科和高端层次，并涵盖了模仿性、适应性和创造性应用的范畴。

就应用型人才而言，本科阶段的培养强调着理论学习与实践能力的并重。他们在学习过程中不仅汲取了丰富的知识和理论，还通过实际操作来巩固所学，将知识与实践紧密结合，为未来的工作打下坚实的基础。这一层次的人才在各个领域都具备较高的适应性和实际操作能力，为社会的各项事业提供了稳定而持续的支持。高端的应用型人才则在扎实掌握学科理论的基础上，更加强调创新应用能力。他们不满足于理论的局限，积极追求在实际应用中的突破，通过创新性的思维和方法，寻找并实现超越传统理论的解决方案。这种突破不仅有助于推动技术和知识的前进，也为行业的发展注入了新的活力和动力。

二、高校应用型人才培养模式的特点

第一，知识的复合性和时效性。应用型人才的培养旨在满足现代社会对多元知识的需求，这就要求他们具备广泛而多样的知识背景。在这一培养过程中，基本的人文社会科学和自然科学知识被视作基石，其具有极强的迁移性，能够为个人在不同领域间建立联系和应用提供坚实的基础。然而，更加专业的知识则被视为培养应用型人才的核心要素，特别是与其专业方向密切相关的知识。在这方面，必须强调应用型人才应当专注于深入学习和掌握领域内的知识，以确保他们在实践中能够胜任各种挑战。

应用型人才的知识结构还需具备一定的复合性，这意味着他们需要了解基础的财务、管理和社交等领域的知识，以及掌握外语、计算机和信息检索等工具性知识。这些知识元素的融合使得应用型人才在解决实际问题时更加得心应手，能够从多个角度出发，综合运用知识，做出明智的决策。

随着社会的不断演变，应用型人才的知识也呈现出时代特色。他们所面对的社会就业市场变幻莫测，受到时代、科技和经济发展的深刻影响。因此，应用型人才的知识需求也随之不断更新，以适应不断变化的环境。在这一过程中，学习成为了持续的伴侣，必须确保所学知识能够在当前和未来的现实世界中得以应用。这意味着他们不仅要努力学习新知识，紧跟时代的步伐，还要在工作中不断实践和创新，以实现自己的价值和目标。

第二，能力的多样性和应用性。应用型人才作为现代社会不可或缺的重要组成部分，其能力结构的多样性和强调实际应用特色，使其在各个领域发挥着关键作用。他们的能力结构包括专业应用能力、合作能力、自主学习能力、表达与沟通能力、创新能力和终身学习能力等，这些能力共同协作，以应对各种实际问题，并确保工作的顺利进行。

应用型人才的能力强调实际应用特色，这意味着他们不仅掌握理论知识，更重要的是能够将其与实践灵活结合，为经济和社会的发展提供有力支持。他们不满足于纸上谈兵，而是注重在实际场景中解决问题，为社会创造价值。

相较之下，研究型人才和技能型人才在能力要求上存在差异。研究型人才主要侧重于科学研究和创造力的培养，他们致力于在学术领域中推动知识的边界，追求新的发现和理论突破；而技能型人才则更注重规范操作和技术熟练，他们的培养目标是能够熟练运用特定技能从事实际工作。

与研究型人才和技能型人才相比，应用型人才更加注重岗位适应能力、实践活动和解决实际问题的能力。他们在大学阶段就直接面向社会工作岗位进行培养，强调在工作中能够快速适应并解决实际问题。这使得他们具备明显的实际应用性，能够在职场中迅速展现出价值。

第三，素质的综合性和职业性。应用型人才所需的素质是一个多层次、多要素的系统，涵盖思想道德、科学文化、专业和身心素质等多个方面。其中，思想道德素质被认为在整体素质中担负着主导作用，为人才的发展奠定了价值观和道德基础。

科学文化素质则被视为构建素质层次的基石，它为应用型人才提供了继续学习和适应变革的能力。专业素质则扮演着关键角色，它使人才在特定领域内具备了解决问题、创新发展的本领。而身心素质被认为是素质之根本，健康的身体和积极的心态为人才的学习和工作提供了坚实基础。这些基本素质的共同作用，确保了应用型人才能够有效地获取知识，将知识运用于实践活动中，为社会创造更大的价值。然而，单纯的综合素质并不足以满足当今复杂多变的社会需求，因此培养应用型人才还需注重职业素质的培养。

职业素质的重要性不容忽视。应用型人才需要培养职业责任心，始终保持对所从事工作的使命感和责任担当。同时，踏实的工作作风是职业素质的体现，它使人才能够以务实的态度投入工作，解决实际问题。团队合作意识也是不可或缺的，它使人才能够在协同合作中发挥优势，共同完成任务，为社会经济建设提供有力支持。

应用型人才的使命在于更好地适应实际工作岗位的要求。他们不仅需要全面素质的支撑，还要具备特定的职业素质，以应对岗位的挑战和机遇。通过培养和发展这些素质，应用型人才将能够更好地为社会的发展和进步作出贡献，实现自身的成长与价值。

三、高校应用型人才培养模式的类别

经过多年的研究与实践，我国地方本科高校应用型人才培养的模式也越来越丰富，包括订单式、产学研合作、校企合作等多种应用型人才培养模式。

第一，订单式人才培养模式。订单式人才培养模式是一种高校与用人单位之间基于实际用人需求所共同制定的合作模式。这一模式蕴含着一系列独特的定义与特点。合作范围广泛，涵盖了课程设置、教学方法、师资培养、技术支持以及实验设备等方面。在这种模式下，学生将理论学习与实际应用相结合，通过顶岗实习深入了解工作环境与要求。毕业后，学生有机会直接就业于与高校签约的用人单位，实现平稳过渡。这一模式模式根据就业订单的签订时间不同，划分为长期、中期、短期等多种类型，以满足不同高校和学生的需求。

订单式人才培养模式的引入带来了一系列积极的优点：①为高校提供了一个开放性的平台，促进了人才培养方案的创新和实践；②建立了一支实践能力和业务水平较高的兼职教师团队，同时提供实际的实践场所，使学生能够更好地适应未来的职业要求；③有效解决了传统教育中学用脱节的问题，

有助于提高高校的就业率和人才培养质量。

订单式人才培养模式也面临一些着问题和挑战。首要问题在于高校和用人单位之间在人才培养方案上的利益和关注点难以完全统一。双方需求的不一致可能导致培养方案的制定和执行出现困难。其次，学生的个人意愿可能增加订单的不确定性。毕业后，学生可能会因个人兴趣、市场变化等因素不按约定就业，给用人单位造成潜在损失。

第二，产学研合作人才培养模式。产学研合作人才培养模式是一种创新的高等教育方式，旨在促进高校、企业和研究机构之间的紧密合作，共同培养适应现代社会需求的人才。在这一模式中，学术学习、实际生产和前沿科研被有机地融合在一起，以培养实用型、应用型人才为首要目标。这不仅拓展了传统人才培养模式的边界，还促进了跨学科交流与合作。

产学研合作人才培养模式的一个显著特点是将通识教育与职业教育相融合，使人才培养更加贴合社会需求。学生不仅在学术领域获得广泛的知识，还在实际工作中锻炼技能，使得其毕业后更具竞争力。与此同时，该模式的引入还打破了传统的象牙塔培养观念，引入外部教育资源，促进了学校的多元化发展。

产学研合作人才培养模式也面临着一些挑战：①学校、企业和研究机构之间的责任和利益关系复杂，需要建立起明确的合作机制，以确保各方的合理权益；②缺乏健全的保障机制和政策支持，可能导致合作的不稳定性，影响人才培养的质量和持续性；③教育与就业的紧密结合虽然提高了学生的就业率，但也可能导致过于注重应用能力培养，而忽视了学术研究的深度。

第三，校企合作人才培养模式。校企合作人才培养模式，是高校与企业在共同认知下，根据社会市场需求制定人才培养方案的一种创新教育模式。该模式通过工学交替的方式，将教学环境融合于学校与企业之中，以使学生能够在实际工作中得到锻炼与应用，从而更好地满足市场需求。这种模式的核心在于资源共享与效益的最大化。合作使得校内外资源得以充分整合，教育资源得以扩大，从而提高教育质量。通过校企共同培养的实践教学师资队伍，学生能够获得更高水平的实际指导，这有助于培养更具应用能力的人才，满足企业的实际用人需求。

此外，校企合作也为学校和企业带来了广泛的知名度与就业帮助。学校因与知名企业合作，其教育质量与影响力得以提升，吸引更多优秀生源。同时，合作也能够为学生提供更多实习与就业机会，有助于他们顺利步入职场。

校企合作人才培养模式也面临一些着问题与挑战：①合作力度不足是一个制约因素，合作领域过于局限，缺乏一个完整的校企合作机制；②付出与回报的不平衡也制约了合作的积极性，企业投入与回报的不对等可能降低企业的合作意愿；③法律法规和政策的不足也影响了合作的推进，缺乏相关的法律法规和政策支持，可能使得校企合作难以稳定推进。

四、高校应用型人才培养模式的构成要素

在人才培养的道路上，标准化、规范化和程序化的特性不仅是关键，更是助推有效实现的重要保障。这种应用型人才培养模式的构成要素，凝聚了如何做、怎么做的方法论，为培养具备实际应用能力的人才提供了明确而系统的指导。

第一，人才培养理念。人才培养理念是高校在培养人才过程中的指导思想和教育观。将其明确为应用型人才培养目标，能够引导教学工作朝着实用性和应用性的方向不断努力。教学制度体系是这一模式的重要体现，它反映了培养类型和方法。学分制、导师制、实习制、校企合作制等有机结合，为学生提供了更为全面和贴近实际的培养经验。

第二，专业设置模式。专业设置模式应当以社会需求为导向，以地方产业为支撑，精心设计特色专业，细化各类学科。这种方式能够使教育更具实效性，更好地满足社会对人才的多元化需求。课程设置则是紧密跟随社会经济发展，保持应用性和实用性，合理规划课程，为学生的职业发展提供坚实基础。

第三，教学组织方式。教学组织方式应当着眼于实现教学目标，通过特定的结构和程序，将教学内容、方法及手段相互联系，促进学生的综合素质和创新能力提升。

第四，教学评价。在教学评价方面，需要摆脱目前主要以成绩为主的模式，更加注重对教师和学生行为的价值判断，以培养学生的综合素质和创新能力为出发点，推动教育教学的进一步完善。

然而，高校教学现状尚需改进。目前以班级授课为主的教学组织形式，往往限制了学生的个性发展和创新能力的培养。同时，成绩为主的教学评价方式过于功利，容易忽视了学生综合素质的培养。为了促进学生的全面发展，高校应当积极探索多样化的教学组织方式，建立更加科学、全面的评价体系。

第三节　高校应用型人才培养模式的意义

下面以高校应用型本科人才为例，高校应用型人才培养模式的意义主要包含以下方面：

一、高校应用型本科人才培养模式的必要性

培育本科应用型人才受多重因素推动，不仅满足高校发展要求，也适应职业教育体系建设。旨在优化人才培养，调整社会技能结构，更好地满足市场需求，推动经济社会发展。

（一）完善人才培养机制，形成现代教育体系

在构建现代教育体系的进程中，应用型高校教育迎来了重要的发展目标。这一体系的范围涵盖了从中职到高职，再到本科、硕士和博士等各个层次的人才培养，其中尤其强调了本科阶段应用型人才的培养。高等教育中存在着两种不同类型的人才培养，即学术型人才和应用型人才。前者致力于追求研究和新知识的发现，而后者则专注于将知识应用于解决实际问题。发展应用型本科教育对于促进中职与本科、高职与本科之间的衔接具有积极作用。这有助于打通职业教育学生的升学通道，为各级技术技能人才提供更加全面的教育与培训机会。目前，许多高校主要注重培养学术型人才，而高职院校则更专注于技术技能人才的培养。然而，这种划分导致了两者之间缺乏有效的联系和激励机制。

随着经济的多元化发展，职业教育的需求也日益多样化。因此，需要建立一个多层次的技术技能人才培养结构，以满足经济社会发展的需要。构建现代教育体系不仅是社会和经济多元发展的需求，也是完善职业教育人才培养机制的必然选择。这一体系的建立将有助于创新和完善人才培养机制，实现中职、高职和本科之间的联合培养，从而培养出不同层次和类型的技术技能人才。同时，高等教育体系和现代职业教育体系都应当保持开放，吸引更多社会人员参与高职教育，推动继续教育的进程。高校应当灵活适应国家的经济和产业结构变化，进行相应的专业设置调整，以确保教育体系与时俱进，

为社会培养出更符合实际需求的人才。

（二）适应经济转型升级，服务高端市场需求

高校应用型本科人才培养旨在紧密契合高端市场需求，为经济转型和产业结构调整提供有力支持，进而促进区域创新发展。在当今经济形势下，经济转型、产业升级以及新工科建设等战略目标都紧迫需要大量高级人才的支持。特别是地方高水平大学在人才培养方向上应有所侧重，着眼于培养高知识、高技能的应用型人才，以更好地满足市场的多元需求。

随着经济转型升级和产业革命的迅猛发展，新技术、新产品、新业态和新模式层出不穷，这使得高水平应用型人才的培养变得至关重要。地方高水平大学在这一背景下具有重要使命，其发展不仅依赖于政府财政的支持，也与区域产业资源的充分整合密切相关。因此，地方高水平大学应将应用型人才培养纳入自身发展战略，将人才培养与地方经济、产业升级相紧密衔接，成为区域发展的有力引擎。

培养高级应用型人才不仅有助于满足产业对工程技术人才的迫切需求，更能够推动社会的创新发展。这些人才不仅拥有扎实的专业知识和技能，还具备解决实际问题的能力，能够快速适应不断变化的市场环境。通过紧密结合产教融合，地方高水平大学可以为企业提供更具竞争力的人才支持，助推地方产业实现更高水平的发展。

（三）优化技术人才结构，创新高校发展方式

培养高质量的本科应用型人才在高校中显得尤为重要，这有助于创新高等教育的人才培养方式，从而推动高等教育的繁荣发展。尽管高校的扩招满足了广大人民对高等教育的渴求，但现如今，多元化的高等教育要求我们对人才培养模式有更高的期许。传统的单一培养模式已不再能够满足地方经济的发展需求。事实上，毕业生的能力和性质与当前的劳动力市场及社会生产方式之间存在较大的脱节，必须对人才培养进行更加深入的思考和创新。"突出大学生创新实践能力和就业创业能力培养，使高校应用型人才培养目标能紧随行业、产业发展和技术进步的变化，使学生的知识结构与社会需求始终处于一种动态匹配状态"[①]。在以人为本的教育体系中，多样化的发展需求成

---

① 张维今，娄雅茹. 新形势下高校应用型人才培养模式探讨 [J]. 人才资源开发，2022
（15）：82.

为至关重要的焦点。这一教育理念强调了挖掘学生内在潜力以及培养创新实践能力的重要性。每位学生都是独特的个体，其潜能应得到充分的关注和发展。社会的高度分化使得教育理念必须同样多样化，以培养适应多样需求的人才。教育应该注重培养学生的综合素质，以适应社会的多元发展。

在高等教育领域，高校的使命在于培养各类人才，不仅仅局限于传统的学术型人才。应用型人才的培养同样重要，他们在实际工作中能够将所学知识应用于实践，为社会创造价值。在经济全球化的背景下，高等教育需要与国际接轨，培养具备国际视野和竞争力的人才，以适应全球化的挑战和机遇。

地方高校作为教育体系中的一部分，面临着国内外双重压力。为了在竞争激烈的环境中脱颖而出，它们需要不断创新培养方式，提高教育质量。扩大应用型人才的培养规模，培养更多的技术技能人才，将有助于满足社会对实际应用能力强的人才的需求。与此同时，高水平大学应该致力于提升培养质量，增加高素质技术人才的比例，以满足高端人才的需求。

培养技术技能型人才也面临着一些问题，如年龄结构不够合理以及文化素养不足等。这些问题需要得到认真解决，以确保技术技能型人才的培养质量和水平。应用型人才的培养应该是全面的，不仅仅关注专业技能，还需要调整人力资源与社会需求结构相匹配，从而促进经济社会的繁荣。

（四）服务新工科建设，促进社会经济发展

随着新一轮科技革命的浪潮涌动，工业发展与产业变革正经历着深刻的颠覆。这场革命不仅在全球经济版图上刻下鲜明的变迁烙印，还加剧了国际综合国力的竞争，预示着未来问题将更加错综复杂。

经济的高速发展推动着全球制造业蓬勃增长，而这也为我国的工程教育带来了新的机遇和挑战。为了顺应国家战略的需要，促进新经济、新业态的发展，势必需要对工程教育进行深刻的改革，尤其是要着眼于前瞻性和战略性的新工科建设。

在这个背景下，地方高水平大学有着重要使命。它们需要与地方社会的发展紧密结合，为区域经济的提升和产业的升级提供有力的支持。这就意味着这些大学需要培养出能够适应新趋势的高水平应用型理工类人才，为地方经济的转型升级注入源源不断的智力和创新动力。"科教兴国""人才强国""创新驱动发展"等国家战略的推动，正在引领着互联网核心的新科技和产业革命即将爆发。这意味着新技术、新业态、新产品和新模式将如涌泉

般涌现，将对工程教育提出更高的要求。

当前，我国正处于建设制造强国和创新型国家的关键时期，迫切需要那些与经济社会需求相契合的高水平应用型理工类人才。这些人才将推动传统经济向新经济的转型，促使国家和区域人力资本结构得以重塑和转变，从而使我国在新一轮科技革命的浪潮中抢占先机，走在发展的前列。

二、高校应用型本科人才培养模式的重要性

随着科技的蓬勃发展，专业领域之间的联系日益紧密，跨学科交叉呈现愈加频繁的趋势。过去单一专业所能涵盖的知识已远远不足以满足当今复杂多变的需求，而科技的迅速转化也迫使人们不得不加快学科间的融合。这种情况下，高校的人才培养模式也必须随之演进。传统的单一学科培养模式已然不敷使用，新时代要求学子们在夯实自己专业基础的同时，还能具备跨学科思维和实践能力，以适应不断变化的现实。

社会发展正受到两大经济力量的深刻影响：知识经济和市场经济。知识经济不仅仅强调知识的应用和创造，更需要高等教育与社会生产紧密结合，将学术研究与实际应用有机融合，推动创新与进步。而市场经济的多样性决定了资源的分配需求具有高度的灵活性，这也意味着高等教育领域需要持续多样化地发展。在这两大经济力量的交织影响下，高等教育机构扮演着举足轻重的角色，需要不断调整与创新，以满足社会的需求。

在这样的背景下，本科应用型人才成为了知识经济和市场经济的重要结合点，也是社会最迫切需要的人才类型。这类人才既具备了坚实的学科知识和专业技能，又能够灵活运用所学知识解决实际问题，真正地将学术理论与现实生产相结合。他们不仅能够为知识经济的创新发展提供支持，也能够满足市场经济多元化的资源配置需求。因此，高校在培养本科应用型人才方面扮演着重要角色，需要拓宽专业范围，夯实学生的学科基础，同时强调跨学科交叉和实践能力的培养，以培养出更加适应社会需要、具备创新精神和实际操作能力的人才。

在当今社会，培养应用型人才已成为促进个性发展的必然选择。每个个体的独特差异构成了这个多彩的世界，高等教育在此背景下应着重关注这种差异，以因材施教的方式来满足不同学生的需求。而个体的全面发展则是社会全面进步的前提条件。在高等教育大众化的浪潮下，因材施教面临着前所未有的挑战。要应对这些挑战，高等教育需要在教育过程、教学方法、课程

类型和学习模式等方面进行创新。高等教育机构应当认识到，学生的多样性是高等教育大众化的自然结果。因此，培养应用型人才的目标应紧密结合学生的需求，使他们能够更好地适应实际工作的要求。在这一背景下，本科教育的多样化显得尤为重要。高等教育机构应当以学生为中心，制定灵活多样的本科课程，以满足不同学生的兴趣、需求和潜能。培养应用型本科人才已经成为客观需要，因为他们将成为未来社会各领域的中坚力量，推动社会不断向前发展。

第四节　高校应用型人才培养模式的特征

为了加强应用型人才在行业、企业和用人单位的可用性，必须坚持实践教学在应用型人才培养过程中的重要地位。"因为在实践教学过程中，能够较好地锻炼学生的实践能力，加强学生理论知识与实践经验的融合，促进学生将理论知识灵活的运用到实际活动中，解决实际活动中的问题，展现应用型人才区别于研究型人才和技能型人才的应用性特征"[①]。高校应用型人才培养模式的特征主要体现在以下方面：

一、高校应用型人才培养的本质特征

应用型大学是与社会经济发展相适应的大学类型。随着社会分工越来越专业、细致，大学发展要适应社会经济发展，由此产生了对应用型人才的需求，进而产生了以培养应用型人才为主要目标的应用型大学的创办和转型。

应用型人才培养必须体现专业性，专业指向行业或职业分工，直接反映和适应社会分工需求，专业是高等教育培养专门人才的基本教育单元和载体，专业建设是以培养满足社会需求的专门人才为目标导向。应用型大学的专业设置要以行业需求和职业岗位为基础，重点分析行业背景和专业发展趋势。当前，应用型高校不仅要研究传统产业、行业应用型人才需求和专业发展趋势，还要重点研究信息技术、人工智能、大数据等领域对行业、职业岗位的

---

① 冯旻舒. 大数据视域下地方本科高校应用型人才培养模式研究 [D]. 武汉：武汉理工大学，2017：26.

需求发展趋势，重视新技术对传统产业、行业的改造和升级。在这种改造、升级甚至创新的过程中，衍生出许多新的产业、行业和职业岗位。如果不能预见到这种趋势，提前预设专业和人才培养，就会导致新产业无人用、学校培养的人才不能用的局面。因此，应用型大学必须是社会分工和专业导向的，而不是学科导向的。

二、高校应用型人才培养的过程特征

第一，实践性教学是培养高校应用型人才的根本路径，这里强调实践性教育并非否定理论教育，只是将两者结合起来，分清源与流的关系。在高校应用型人才培养过程中，理论教育始终是源，有源才有活水来，实践性教育是流，通过实践性教学达到两个目标：①验证理论成立的条件，并得出结论；②应用理论完成实践项目，使学生受到规范。严格的职业岗位训练，能够解决实际工作中较为复杂的工程、技术问题。实践性教学由此在应用型人才培养中占有重要地位，而应用型人才培养最为关键之处在于实践性教学的质量、水平的保障和提升，实践性教学质量决定了应用型人才培养质量。专业的应用性和实践性特征决定了应用型大学的办学目标应该定位于培养具有一定理论基础，较强实践能力，能够解决较复杂工作问题，具有较强沟通能力和合作能力的高素质应用型人才。

第二，高校应用型专业建设定位要与社会经济发展相适应。教的内容要适应产业、行业、岗位要求，怎么教要体现实践性特征。在专业设置、专业建设、师资队伍、实训条件等方面要适应应用型人才培养要求，形成区别于研究型人才培养的专业特色。

第三，高校应用型人才培养服务面向定位于解决工程、管理一线问题的高级专业人才，这里对应用型人才培养服务面向进行了定位。应用型人才不是在实验室、研究机构从事研究工作的，他们需要具备面对工程、管理一线解决问题的能力，也就是应用型人才重点要培养"怎么做"的能力，这种能力在教室、课堂是培养不出来的，必须通过大量的实验、实践、实训来奠定其职业基础。

第四，高校应用型人才培养促进学生就业。从受教育者的视角而言，学生能够高质量稳定就业是应用型人才培养的重要目标。要实现学生高质量稳定就业目标，就要在专业设置、人才培养过程及环节、师资队伍、条件保障、开放办学等方面形成应用型大学独特优势。只有这种过程优势体现出来，才能保障学生的高水平稳定就业。

从企业用人角度而言，"进得来，留得住，用得上，发展好"是企业的用人标准。因此，高校应用型人才要适应企业所在产业、行业发展需求，特别是关注企业在产业链、价值链上的定位，以行业为依托培养企业需要的人才，才能使学生"进得来"；应用型人才培养要坚持面向一线的定位，这种思想上的认知才能使学生在企业"留得住"；应用型人才要掌握专业技术与技能，在企业才能"用得上"；应用型人才还要有发展后劲，具备继续学习的条件，才能"发展好"。

第二章 高校应用型人才培养模式的构建

第一节 高校应用型人才培养目标的确立

人才培养目标是教育实践活动过程中具有先决性质的核心概念，是整个学校教育教学活动的出发点和依据，也是学校教育教学活动的最终归宿；培养目标是人才培养的标准，是人才观在高校的集中反映，也是人才培养活动得以发生的基本依据和人才培养制度安排的基本原则。培养目标解决的是培养何种人的问题，明确人才培养目标是确保人才培养应有质量的基本前提。

一、高校应用型人才培养目标的重要地位

学校教育是社会通过学校对受教育者的身心施加的一种有目的、有计划有组织的影响，以使受教育者发生预期变化的活动。教育的目的性，从宏观的角度而言，其集中体现就是反映着一定社会教育价值取向主流并得到社会普遍认可的教育目的；从具体的不同层次、类型教育机构的角度而言，其集中体现反映了教育目的要求和特定社会需求的各种具体的培养目标。培养目标不同，教育形式、教育内容、教育方法和教育评价也不同。培养目标是在一定的教育思想影响下形成的，反映了一定的教育思想和教育要求，是教育思想的结晶。培养目标在其形成和诉诸实践的过程中，不仅仅体现为一种具体的教育预期和标准，而且也逐渐演变为一种教育思想或教育理念，成为整个教育实践活动的理论指南，决定着教育实践活动的性质、形式、内容和方向。教师不能简单地视教育目标为教育行为预期的标志，而应当把它看成是教育思想的体现，并将它置于教育思想的重要地位。这是因为，教育目标本身蕴含着极其丰富的教育思想，这种思想是在教育目标的形成过程中赋予它的，又在其实现的过程中得以显现、活化与充实。

在诸多教育概念中，培养目标是教育中最基本和核心的概念。没有明确的培养目标，教育的实践活动就可能迷失方向。培养目标是一切教育活动的出发点和归宿，从理论上而言，专业培养计划、教学计划都是为了实现培养目标而采取的具体方式或措施，有其自身的内在规定性。

二、高校应用型人才培养的目标定位

应用型人才培养目标定位是建立在高等学校定位的基础上的，"应用型"属于一所学校在整个高等教育系统中的定位，"人才培养目标"属于学校内部各要素在学校发展中的定位。"应用型"很清晰地反映了高校定位于"应用"而非"研究"，区分了与研究型大学的定位差异。但是，需要特别指出的是，"应用"中是有学术的，不过更重视"术"，即技术、方法的开发与应用，"学"是为"术"服务的。"研究型"大学也有学术，它更重视"学"，即原理、原始的发现与创新，"术"是为"学"服务的，表现为用一定的技术方法去开展研究工作。从这点出发，"应用型"人才培养和"研究型"人才培养在"学"与"术"上是有不同的目标内涵的。

从"学"而言，应用型人才培养更应该让受教育者认知"是什么"的问题。重点学习和掌握各种理论、原理的结论、基本内涵、边界条件、应用范围等，为今后"术"的学习、应用奠定理论基础。而研究型人才培养更侧重于让受教育者认知"为什么"的问题，即重点学习和掌握各种理论、原理的逻辑内涵与关系，这种逻辑内涵与关系决定了理论、原理的结论、边际条件和应用范围，从更深刻的角度解释现象产生的内在机理和发展变化趋势。例如，物体间的引力是一种自然现象，对这种自然现象的解释是通过对万有引力的研究来实现的。研究型人才培养要掌握的是为什么物体间存在相互引力，这种引力的大小是如何刻画的，引力变化的影响因素有哪些，这种引力变化的内在机理是什么等；而应用型人才培养要掌握的是如何利用万有引力为人类社会服务和创新应用技术，从而实现火箭、卫星、飞船等产品的设计与使用。显然，研究引力原理的只能是少部分人，而研究引力应用的就是庞大的人才群体。显然，教师既不能"重学轻术"，也不能"有术无学"，这两者都不能很好地实现人才培养目标，而这恰恰又是我国现有高等教育中容易产生的两种极端现象。有的高校人才培养片面追求"学"而忽视"术"，使培养的人才将研究成果转化为技术应用的能力薄弱，研究成果转化率低；而有的高校人才培养只专注于技术的应用，缺乏对原理性知识的学习，使培养的人才理论底蕴薄弱，缺乏发展后劲。

从"术"而言，高校应用型人才强调的是技术应用、技术创新和技术实现方法；而研究型人才强调的是研究方法创新，研究方法创新会有力推动理论研究创新和验证。牛顿与爱因斯坦分别创立的万有引力理论和相对论是对物体运动规律理论的创新，但在当时的条件下是很难验证与实现的，后来随着技术进步，天文望远镜、核技术的突破，使万有引力理论和相对论得到验证。这充分说明研究方法和技术对理论原理研究的促进作用，正是这种技术验证的突破，推动了技术应用的突破。因此，学术本身就是相互促进的。

研究应用型人才培养目标定位，有必要在厘清"学"与"术"的关系基础上对与人才培养密切相关的"学科专业"与"学术"间的关系做进一步说明。

从我国高校毕业生拿到的证书而言，是与西方大学存在差异的。我国的大学本科毕业生既有学位证，也有学历证。在学位证上注明的是"学科"，而毕业证上注明的是"专业"。而英美等西方国家的大学本科毕业生是没有专业之说的，他们所说的"专业"与我们所说的"专业"在内涵上是不同的。

从社会认知而言，中国和西方大学对专业内涵的认知也是不同的。在国内，当在大学校园里与陌生同学聊天的时候总是先问"你是哪个学院的？"在大学校园外与陌生人聊天，首先被问到的问题是"你在大学里学习哪个专业？"而在英美等西方国家的同样情形下，问题为"你主要关注什么领域？"在国内大学校园里，人们是基于所属学科而谈论专业学习的问题；在国内大学校园外，人们是基于未来的就业领域而谈论专业学习的问题。在国外，人们是基于大学课程的学习谈论主要关注的领域。理论基础或理论依据，是专业设置形成过程中所遵循的内在逻辑。

在我国，人们通常把专业理解为一种实体的存在，揭示了专业的内在本质。很显然，这只是专业的一种管理方式而已，或者说由于学术理性被掩盖，专业在实现自身价值的同时被赋予了更多的行政化色彩。把专业理解为一系列课程的组合是对专业在英美等国家价值实现的一种客观反映。因此，专业成为由不同的课程组合方式而发生动态变化的一种符号，多种多样的符号在一定程度上降低了专业应有的逻辑性和系统性。

学科与专业是两个不同的概念。《辞海》对学科的界定被大多数人所认同：①学术的分类，指一定科学领域或一门科学的专业分支，如自然科学中的物理学、生物学，社会科学中的史学、教育学等；②"教学科目"的简称，亦即"科目"，学校教学的基本单位。我国教育界的研究者通常从三层含义上定义学科：一是学问的分支；二是教学的科目；三是学术的组织。《辞海》中将专业定义为高等学校或中等专业学校依据社会分工需要所分成的学业门类，并指出，各专业都有独立的教学计划，以体现本专业的培养目标和规格。《教育大词典》中的表述为，"专业"译自苏联，指中国、苏联等国高等教育培养学生的各个专门领域。国际教育标准分类称之为课程计划。潘懋元等人认为，专业是课程的一种组织形式，课程的不同组合形成不同的专业。这种解释基本上与国际上通用的专业内涵相一致。

西方国家认为专业即是不同课程的组合，或者说是不同的课程计划。专业指一系列有一定逻辑关系的课程的组织，相当于一个培训计划或课程体系。西方国家专业的划分只是对高等学校专业人才培养结果的一种统计归纳专业的划分对所培养的具体人才的知识能力结构几乎没有影响。

"专业的划分对所培养的具体人才的知识能力结构几乎没有影响"的原因是什么？而我国的不同专业培养的人才，其知识能力结构却有相当大的差异。例如，我国长期以来是通过理科、文科来划分人才类型的，理科、文科人才培养的知识能力结构存在很大差异。要理解其中的原因，要从英美等西方国家的大学学科设置上找到答案。下面以美国大学学科设置为例加以说明。美国本科综合性大学中学院的设置一般包括基础学科所在的文理学院和应用学科所在的应用学院两大类。基础学科包括自然科学、社会科学、人文科学三大类：自然科学包括数学、物理、化学、生物等，社会科学包括经济学、政治学、社会学、心理学等，人文科学包括文学、历史学、哲学等。三大学科共同构成了文理学院。文理学院中的各个学科的水平是衡量一所大学整体学术水平和声望的重要指标。由此可以得知，文理学院的办学是认识论哲学指导下的办学，基本是探索、研究、学习原理性知识，较少涉及具体知识与技术的应用。

应用学科所在的应用学院，包括工学院、商学院、医学院、法学院。其中，工学院、商学院既招本科生也招研究生，而医学院、法学院只招研究生；其他应用学院，如建筑学院、新闻学院、农学院、神学院等只招研究生，不招本科生。

美国大学中的基础学科与应用学科的关系基本，上能反映出文理学院与应用学院的关系。文理学院在美国一流综合性大学中占有重要地位，这些大学的应用学院可能不全，但是文理学院中的学科体系是非常完整的。

从人才培养而言，本科生多在文理学院招生，甚至文理学院是唯一招收本科生的学院（如哈佛大学、耶鲁大学），这是与美国大学本科教育定位于通识教育而非专才教育分不开的。通识教育旨在培养学生的整体素质和思维素养，而非培养学生的应用技能。文理学院既是培养本科生的主要学院，也是培养博士生的主要学院，虽然应用学院也培养博士，但其规模和水平远不如文理学院。美国的硕士与我国的硕士的内涵不同，在文理学院，硕士是过程学位，博士是终极学位，而应用学院的硕士、博士学位多属于终极学位。对应于我国的学位制度，美国的应用学院硕士相当于我国的专业硕士，也可以说我国的专业硕士是学习和借鉴了美国应用学院的硕士培养模式。而在美国是没有学术硕士的说法的，文理学院的硕士是为博士培养做准备的。

从科学研究而言，文理学院的学科设置是为应用学院的人才培养奠定基础的。在美国没有文、理分科的人才培养模式，美国文理学院的基础学科是发现原理的，其没有直接应用性，但这些学科的理论知识是根本性的，没有一流的基础学科，应用学科的发展就会成为无源之水。现在我们看到，在诺贝尔奖项设置上，都是对基础学科的奖励，如物理、化学、生物（医学）、经济学、文学等，没有设置应用学科方面的奖项。因此，从人才培养和科学研究两个方面看，人文科学、自然科学、社会科学水平是衡量一所大学的学术水平和学术影响的重要指标。

从文理学院和应用学院教育哲学而言也是不同的。文理学院以认识论教育哲学来指导，其学科设置和研究内容不是为了直接应用，而是为了探索真理和增进对客观世界的认识和理解；其学科研究体现的是有没有"趣"，在文理学院的基础学科教学和研究中，好奇心是学生和教师的重要心理素质，这种研究不是把有没有"用"作为研究目标，麦克斯韦的电磁理论和赫兹的实验都对应用价值没有什么兴趣，却成就了马可尼的无线电技术。对文学的欣赏，对历史的考证，对哲学的思辨，本身就是以"有趣"作为研究目标。而应用学院的学科设置是以政治论教育哲学来指导的。应用学院的教学与研究专注的是有没有"用"，这是衡量应用学科的重要标准。因此，应用学院专注于理论、原理、方法的应用与开发。我国现在的工科大学也特别注重理科的基础构建，也增强了"有没有趣"的基础学科人才的培养，但是培养重点和定位还是在"有没有用"上，这也是导致我国基础研究人才培养滞后和基础研究水平不高的重要原因。

从以上分析可以得知，高校的定位对人才培养目标有至关重要的影响。如果大学定位于世界一流研究型综合大学，那么人才培养目标就应该定位于培养学生的理性思考和创新思维能力，鼓励学生的学习、研究以"有趣和好奇"为终身价值取向，其职业选择也与研究相关；学校既要建设一流的文理学院，也要建设一流的应用学院，用一流的师资、一流的条件和一流的管理培养研究型人才。如果定位于应用型大学，那么人才培养目标就应该定位于培养学生的专业认同和增强职业发展后劲，着力培养学生的知识、原理、理论的应用能力。

三、高校应用型人才培养目标的确立依据

（一）高等教育分类法是培养目标确立的前提依据

目前，我国高等教育包括两大系列、三个层次和四种类型，即全日制教育、继续教育两大系列，研究生教育、本科生教育和高等职业教育三个层次，研究型大学、教学研究型大学、教学型大学和高等职业学院四种类型。不同类型高校有不同的培养目标，不同类型的大学职能决定了其培养目标会有所区别。研究型大学以理论创新、科技创新为主，以为社会培养大量高层次拔尖创新的理论人才、学术型人才和原创性、基础性科学研究为主要职责；教学研究型大学在大量培养专门应用人才基础上，重视高层次拔尖创新人才的培养；教学型高校则着重承担面向生产、管理、服务一线的应用型专门人才的培养，致力于社会现实问题和生产实践问题的研究与探索；高职高专院校则主要承担职业技能型人才的培养。可见，培养应用型人才是教学型高校的目标与使命。

（二）市场需求是培养目标确立的客观依据

教育最基本的规律之一就是它的外部规律，即教育要满足社会的需求，与社会发展相适应，为社会经济发展提供自己的合格"产品"，即人才。在市场经济背景中，人才这种"产品"被赋予了商品的属性，对人才"产品"存在客观需求的主体有三个，即国家主体、社会性组织主体和个体主体。这三个主体的客观需求及其变化构成了培养目标的客观依据。因此，培养目标必须依据市场三个主体的实际需求科学、准确定位，并有针对性地不断修正调整。现代社会发展的一个重要趋势就是把高等教育纳入职业化的轨道，可以说是高等教育在大众化时代最深刻的变化，人才结构的变化也是其中的主要内容。高层次精英人才和从事尖端研究的学术型人才总是少数，各行各业

的实际工作者则是多数。社会发展期待高等教育培养更多的适用型人才，社会所关注的焦点是毕业生是否具备可雇佣的素质与能力。

经济社会发展对人才的需求是高校人才培养目标确立的第一根据。高校的生存和发展取决于培养适应经济社会发展的所需人才。高校要培养适销对路的人才，必须增强专业教育的适应性，对经济社会发展的人才需求情况进行调研与预测，并按经济社会发展的行业或职业群的要求设置专业、修订课程和培养目标。在人才培养目标定位、人才培养方案设计和人才培养模式构建方面，必须注重以下方面的变化：

第一，人才需求的多样化。随着科学技术的蓬勃发展，产业结构的调整加速，社会对人才的需求日益多样化。社会经济发展不仅需要一定数量的学术型、理论型人才，更需要大量从事实际工作的应用型人才，不仅需要大量的技术、技能型人才，更需要一大批具有创造性的高层次应用型人才。

第二，生产方式的变革。随着科学技术更新周期的缩短，生产技术由单一的经验技术向综合的理论技术转变，由过去在生产现场和生产过程中就能学习掌握的技术向现在必须拥有一定专业理论基础才能进一步学习掌握的生产技能和生产要求转变，对劳动者素质的要求逐步提高。科学技术和生产技术的新变化要求教师在培养大量的技术型、技能型人才的同时，急需培养大量的有理论、有技术、有能力的高素质应用型人才

第三，人才培养结构的失衡。从当前毕业生的就业现状来看，目前国家对工程型、技术型、技能型、管理型、服务型等应用型人才的需求明显大于对学术型、理论型人才的需求。人才需求的结构性失衡要求高校必须改变人才培养类型，加大对应用型人才的培养力度。唯有认清了这些新变化，才能合理确定人才培养的目标与规格，科学设计出知识、能力和素质相统一的人才培养体系。

第四，区域经济发展的不平衡性。国家为了解决区域经济发展的不协调问题，加大了经济结构的调整力度，产业结构不断优化升级，区域间的竞争日趋激烈，地方经济发展对应用型人才的需求不断增长。由于高素质应用型人才缺乏，使大量的科学研究成果处于理论层面，难以转化为现实生产力，从而制约着经济发展方式的转型和产业结构的调整。

（三）学生的发展潜质是培养目标定位的价值指向

培养目标的合理定位，还要充分考虑教育对象的知识储备、能力基础和个性特征，以此增强人才培养的针对性。现代多元智力理论认为人的智力是多元的，个体的差别并不在于有没有某种智力，而在于不同智力因素在不同个体中组合的方式与比例，不存在谁更聪明，只存在谁在哪方面聪明、怎样聪明的问题。每个学生都是独特的并可以出色的。随着大众化高等教育阶段的到来，招生规模的扩大，学生自身的文化基础知识良莠不齐，如果严格按照传统划一的学科教学模式和学术标准要求学生，企图把他们培养成学术型和理论型人才，既不适应经济社会发展对人才多样化的需要，也不符合学生成长和发展的实际。只有因材施教，扬长避短，因势利导，对他们实施有针对性的个性化教育，才能把他们培养成为适合从事各类职业的应用型人才，让他们在自己喜欢的职业中做出成效，这既是人力资源开发中以人为本的体现，也是高等教育大众化的内在意蕴。

（四）学校现实条件是培养目标确立的基础

高校应用型本科选择的定位目标应该是积极的，能确保为区域经济发展提供足够的人才支持与知识储备。同时，要考虑实现定位目标所必备的社会物质条件、高校现有的发展基础及可能的发展环境及保障。学校现实条件是定位的基础，不同类型高校办学实力有着很大差别，即使是同一类型的高校，在学科专业、设施条件、师资力量、管理水平等诸多方面也各不相同。高校在定位自身人才培养目标时，要充分考虑校情，突出学科专业优势，发挥特色，切忌好高骛远。就目标个性而言，则必须体现学校自身的历史、传统、定位和条件，以及本专业人才的知识能力要求。高校应用型人才不仅应能适应我国社会经济发展的内在要求，而且是学校尊重客观实际的明智选择，更是学校发挥自身办学传统和优势的必由之路。

四、人才培养目标确立的实现模式

人才培养目标是把人培养成什么样的人的一种期望和规定，它由教育哲学决定，体现思想观念，规定教育活动的性质和方向，贯穿教育活动的全过程。人才培养目标具有层次性，有国家的、学校的、学科的、专业的等多种培养目标，它们之间构成了一个不同层次培养目标的体系。从教育哲学看，教育是育人还是制器的争论一直存在，我国的教育哲学是以制器为导向的，从高中开始分文、理科，高考分文、理科，大学分专业录取，专业间还不能转换，毕业证上注明专业等充分说明，我国大学人才培养一定要符合社会需求，要满足社会主义建设的需要。这种把专业做实的好处在于，企业好用人，按相关专业招人就行；学生好就业，按相关专业就业就行；人才好培养，把专业课教好就行。由此可见，按专业培养是一个行之有效便捷高效的人才培养模式。正是在这种专业人才培养模式下，新中国诞生后，短期内、高水平、多专业培养了一大批社会主义建设者，为我国经济社会发展，把我国从农业国建设成为富强工业国做出了突出的贡献。

为了进一步加强专业建设水平，提高专业培养质量，我国于1952年至1953年以苏联模式为蓝本对高等教育进行了改造。在政府的统一计划下，分别就大学、专门学院和专科学校加以调整和整顿。以培养工业建设人才和师资为重点，发展专门学校和专科学校，整顿和加强综合性大学，北京地质学院、中国矿业学院、华中工学院等就是当时调整和整顿的产物。

由于调整过程中的盲目模仿和机械照搬，忽视学科发展的内在规律，人为割裂了高校的学科发展历史，打破了一些大学的学科合理布局，削弱了业已形成的学科优势；同时由于文科、理科、工科人为分家，专业划分过窄过细，阻碍了学科尤其是交叉学科的发展。为了克服这种重专业、导致学科专业割裂的弊端，从1999年开始，我国高等教育又经历了从"分"到"合"的发展过程，一大批高校合并组建综合性大学、文理大学等，使学科专业建设进入新的发展阶段。

（一）我国大学的人才培养目标

《高等教育法》对我国高等教育的总体培养目标作了明确规定：高等教育必须贯彻国家的教育方针，为社会主义现代化建设服务，与生产劳动相结合，使受教育者成为德、智、体等方面全面发展的社会主义事业的建设者和接班人。高等教育的任务是培养具有创新精神和实践能力的高级专门人才，发展科学技术文化，促进社会主义现代化建设。

从《高等教育法》对人才培养的定位来看，可以发现以下几点。第一，我国的高等教育一定要为社会主义现代化建设服务，这种服务面向的定位要求人才培养客观上与生产劳动相结合，解决生产实践中的问题。第二，我国的高等教育是培养高级的专门人才。"高级"是区别于初级、中级的，要求高等教育在整个教育体系中的定位具有高深性；"专门人才"要求学科专业分类中，专业及知识与能力的专业性。从这些属性来看，我国大学对应用型人才的培养是十分重视的。

《高等教育法》对不同层次的人才培养也作了明确的规定。高等学历教育分为专科教育、本科教育和研究生教育。高等学历教育应当符合下列学业标准：①专科教育应当使学生掌握本专业必备的基础理论、专门知识，具有从事本专业实际工作的基本技能和初步能力；②本科教育应当使学生比较系统地掌握本学科、专业必需的基础理论、基本知识，掌握本专业必要的基本技能、方法和相关知识，具有从事本专业实际工作和研究工作的初步能力；③硕士研究生教育应当使学生掌握本学科坚实的基础理论、系统的专业知识，掌握相应的技能、方法和相关知识，具有从事本专业实际工作和科学研究工作的能力；④博士研究生教育应当使学生掌握本学科坚实宽广的基础理论、系统深入的专业知识、相应的技能和方法，具有独立从事本学科创造性科学研究工作和实际工作的能力。

《高等教育法》对不同层次人才培养目标的规定为各层次人才培养指明了方向，是不同层次人才培养都应该遵循的基本要求。但是也应该看到，这些学业标准中，更多是从培养学生成才的角度来制定标准，缺乏培养学生成人的标准。不可否认的是，学生成才是高等教育首先要追求的目标，因此把学生掌握基本理论、基本方法和基本知识放在突出的位置。与此同时，也不应放松对学生的成人教育，要求培养学生具有合格的公民素质。高等教育还要培养学生与人沟通、交流等社交活动的能力，培养学生的团队意识、合作能力。如今的大学生整体在人际交往、沟通、合作等能力上明显存在不足，还不能很好地适应工作岗位要求，这也是我国高等教育需要重视和改进的地方。

（二）学校应用型人才培养目标

应用型大学以培养应用型人才为主要目标，在应用型大学中又包括本科院校和高职院校，两类院校的人才培养目标也是不同的。本科学院面向产业、行业培养通用技术和能力，而高职院校面向岗位培养专门技术和能力。也可以说本科应用型人才在相应产业和行业中，职业适应面宽，但做得不够专精；高职人才适应面窄，但在岗位中能做到专精。这种"通"与"专"的人才培养目标定位差异是两类应用型大学的差异，不同的人才培养目标定位对能力要求是不一样的，也对培养的课程结构、要求不同，具体见表 2-2。

表 2-2　人才培养目标定位与能力、课程的关系

项目		研究型本科	应用型本科	高职高专
培养目标		培养具有宽厚学科专业基础及学术研究、探索创新能力的人才	培养掌握基本的专业理论与方法，能够完成与本专业相适应的实际工作任务的人才	培养掌握岗位操作技术的应用型专门人才
能力要求		自主学习、探索未知、创新创造能力	自主学习，用以致学，学以致用能力	掌握并使用岗位操作技术能力
课程体系	学科基础课程	精、通、深、难	适度、够用、应用	无
	专业核心课程	原理、理论、通识	基本原理＋一般方法＋通用技术	岗位通用技术＋专门技术
	实践课程	综合、探索、创新	应用性＋工具性＋通用性	操作性

（三）应用型专业人才培养目标

在我国高等教育体制下，专业是人才培养最根本的载体和依托，它一手联结科学研究，一手联结人才培养，国家、学校的人才培养目标要通过专业培养过程来实现。在我国，专业对人才培养目标的实现具有决定性作用，是学校人才培养目标在专业层面的落实。同时，专业人才培养目标要体现国家、学校层面的人才培养目标定位。对应用型人才来说，专业人才培养目标要充分体现以下特点：

第一，专业人才培养面向。应用型人才专业培养目标首先要明确为谁培养人才培养的人才面向产业、行业、企事业单位及岗位，为其培养"懂原理，能应用，会操作"的应用型人才。专业设置要适应社会需求，传统专业要改造升级，使之适应现在社会发展需要。例如，汉语言文学专业是一个传统专业，如果要办成适应需求的应用型专业，就要充分挖掘汉语言文学专业与产业、行业、企业的需求点，将信息技术与汉语言文学专业相嫁接，通过信息技术、人工智能技术和大数据技术改造传统汉语言文学专业，将两者结合起来，提升专业的应用性，使两个学科深度融合，产生化学反应。

第二，专业人才培养要求。应用型专业人才培养要求与研究型人才培养要求是有差异的。应用型专业人才培养在知识、能力、素质三个基本要素中要分别确定每一个要素的基本要求。这三个要素的关系为：知识是基础，影响能力和素质；能力是知识的外在表现，素质是知识内化的结果。应用型专业人才培养实际上就是通过一系列的课程组合将知识传授给学生，学生通过知识学习生成自身的能力结构和内在素质。因此，专业要对学生三个基本要素的培养提出具体要求：知识要学哪些？学到什么程度？要对接学生哪些方面的能力？这些能力与课程间的对应关系如何？学生通过学习与训练，要形成哪些素质？所有这些问题都要与应用型专业人才培养相符合，与职业发展、岗位需求相符合。需要特别指出的是，有的学校把专业能力与专业技能混为一谈，技能与能力相关，但也有很大区别。能力是学生经过学习、实践而内化的产物，是一种嵌入学生个体内的个性心理特征。能力具有抽象性，并通过具体的技能表现出来；技能是具体的，学生掌握的全部技能综合表现为学生的综合能力。例如，学生学习英语、汉语、演讲与口才、论文写作、应用文写作等课程，掌握了双语表达技能，写作技能，这些技能掌握水平的高低直接反映出学生的表达沟通能力的高低。因此，应用型专业人才培养要求将知识、技能、能力、素质、课程对应起来，使培养应用型专业人才更有针对性。

第三，专业人才培养路径。应用型专业人才培养路径与研究型人才培养路径存在差异。就应用型专业人才而言，其对知识、能力、素质的要求与侧重不同，应用型专业人才培养路径要遵循学习—实践—再学习—再实践的培养路径。其中，最重要的是实践教学环节，应用型专业人才培养质量的高低也体现在实践教学环节上。

当前，我国高校最薄弱的教学环节就是实践教学环节，其在教师配置、课程设置、条件保障、项目资源、评价考核等方面都不如理论课程成熟。首先，教师本身大多是从研究型大学到应用型大学任教，其自身的实践能力严重不足，任教后较多从事研究工作，较少从事实践工作，指导学生实践自然力不从心。其次，课程设置不科学，独立设置的创新实践类课程太少，课内验证性实践较多，不能培养学生的实践创新能力。在理论课程上，学生自主学习探索的实践项目几乎没有，束缚了学生的应用能力的生成。再次，条件保障不到位，实践教学在教学内容、教学条件、教学方法、教学材料等方面与理论教学有很大不同，需要学校强大的后勤保障能力。学生到企业、外地实践，学校要提供交通、住宿、保险、安全、组织、协调等多种工作，需要投入大量人力、财力和物力，而理论教学相对来说要简单很多，也更容易组织管理。最后，实践项目资源缺乏，企业不愿意接纳学生实习，真正来自企业的实践项目很少，给实践教学质量带来很大挑战；反之，哈佛大学、麻省理工学院等美国一流高校的学生有更多机会接触企业案例和项目，这对学生培养是十分重要的。此外，学生自身也不愿意参加实习实践，学生的劳动意识淡薄，视劳动为苦力，不愿到一线从事具体的实践工作，从而影响学生的学业和今后的职业发展。

因此，应用型人才培养要牢牢守住实践育人的底线，将实践育人放在首要位置，给予实践育人特殊的政策，激励教师和一切教学要素向实践育人倾斜和投入，才能切实提高应用型人才培养质量，体现应用型人才培养特色。同时，提高学科专业建设能力，通过学科、专业建设，突出应用型人才培养目标定位，不断满足社会需求。应用型高校并不是不需要学科建设，而是要把应用型学科建设做得更好，以学科建设促进专业建设。学科与专业的关系如下图所示，学科为专业提供知识传承，对专业建设形成支撑，而专业为学科建设提供人才培养，满足社会需求。因此，应用型高校要在应用型学科建设上加大投入，才能使专业建设具有竞争力和适应性。

三、人才培养目标确立的实现模式

"在应用型人才培养目标下，高校的实践教学不能从属于理论教学，应该形成新的教学实践模式，在教学改革中，实践教学应该是在理论教学基础上进行，改变以往通过实践教学对理论知识进行验证的理念，要结合各个专业的不同需要，根据实际设定相符合的实践课程，不断提高学生的积极性、创造性和实践性"[①]。因此，高校应以培养既能适应用人单位当前需要，具有较强的可就业能力和职业竞争力，又能适应未来职业发展、人生幸福和社会经济发展需要的可持续发展能力的高素质应用型人才为目标，在对学生的身体素质、心理素质、专业素质和道德、人文、科学与信息素质以及社会素质进行全面培养的基础上，着重培养学生的道德人文素质、科学素质、社会素质和自我设计与开发能力、专业工作能力和适应国际化需要的能力，将学生培养成具有自我设计与开发的意识、能力与习惯，一定的中外文化素养和对

① 齐文浩，李新光，杨兴龙.地方高校应用型人才培养的目标、障碍与实现路径[J].教育教学论坛，2018（38）：47.

不同文明的理解与包容能力、进行探究性思维和探究性学习的能力和较强的语言表达、人际沟通、合作共处、组织协调能力，能够通过不断地进行自我设计与开发，迅速有效地适应不确定性环境并不断发展的高素质应用型人才。

第二节　高校应用型人才培养方案的形成

一、高校应用型人才培养方案的形成构建

（一）人才培养方案的形成构建原则

"人才培养方案作为高校培养人才的总体蓝图，是学校教育教学工作的指导性文件，是学校教学思想和教学理念的集中体现，反映了学校人才培养中的指导思想和整体思路，是学校组织一切教学活动和从事教学管理的主要依据"①。高校应用型教育是以面向服务与经济社会发展的高素质应用型人才为目标定位的一种新的高等教育类型，应遵循以下原则：

1. 培养目标的区域性与行业性原则

为了满足人们对高等教育的需求和地方经济社会发展的需要，其生存与发展离不开地方政府的支持。培养目标不仅要与地方经济文化发展联系紧密，而且与区域内的行业发展联系紧密。因此，应用型高校必须以培养区域和行业所需的一线应用型人才作为自身发展的目标定位和价值取向，在人才培养上既要准确把握地方经济发展现状和发展趋势，了解行业中的职业岗位及其就业前景，又要主动、灵活地适应行业和企业的用人需求，充分考虑毕业生的社会适应性。

2. 专业设置的应用性原则

应用型人才培养是以开设应用型专业为载体的。应用型高校要培养应用型人才必须加强应用型专业建设，在专业建设上既要根据地方的产业结构、经济发展趋势和当地市场的用人需求，又要根据学校的教学科研和学科建设

---

① 李薇薇，孙秀玲. 浅议高校应用型人才培养方案的制定与实施 [J]. 当代教育实践与教学研究，2017（10）：92.

的实际，有针对性地设置应用型专业，建设应用型学科，开展应用型研究，为地方的行业发展培养大批急需的应用型人才。在融入地方化发展战略中彰显自己的特色，从而实现高等教育与区域经济发展的良性互动和双赢共生。

3. 课程设计的复合性原则

应用型人才需要具有以通识为基础的深厚专业理论和可供广泛迁移的知识平台，具有较强的终身学习能力和职业转换能力，具有用知识和技术解决管理、服务一线问题的实际应用能力和创新能力，具有必要的人文素养、科学精神和心理素质。高校应用型本科应按照"厚基础、宽专业、高素质、强能力"的培养要求，设计应用型人才培养方案，构建包括基础课程（公共基础理论课、专业基础理论课）、专业课程（专业主干课、专业方向选修课）、实践课程（校基于自我设计与开发的高素质应用型人才培养模式研究内实践课、校外实践课）和素质课程（文化素质课＋素质拓展课）在内的课程体系，按照"学位（学科）课程、技能课程、职业课程"的三位一体模式进行设计，充分体现课程设计的复合性，不断提高学生的职业能力和社会适应能力。

4. 人才评价的多元化原则

对应用型人才的培养应采用多元化评价方式，以推动应用型高校人才培养方式的转变和应用型本科教育的发展，包括实现评价主体的多元化——应用型人才评价应引入社会评价机制，建立由学校、实习单位、用人单位、行业团体、技能鉴定机构共同参与的人才质量社会监控体系，形成一种全方位的质量考核与评价方式，实现评价内容的多样化——彻底改变传统的过于注重知识评价学生质量的做法，实行知识、能力、技能的综合考核，建立以应用能力为主的质量评价体系，不仅重视培养与学习的结果，而且重视思维与进步的过程。

5. 教学过程的实践性原则

实践在培养应用型人才的过程中起着重要的作用。应用型高校的教学过程不完全是理论性的，还必须是实践性的。培养应用型人才的实践教学环节应有课内外结合、校内外结合和实验、实训、实习相结合多种形式。学校在进行理论教学的同时必须突出实践教学，注重理论联系实际，以巩固和检验课堂所学的理论知识，注重实际技能的培养，以提高学生的实践应用能力。实践教学应走产学研合作之路，加强校企合作，实现学校人才培养方案与企业用人机制的对接，共同培养行业需要的应用型人才。

（二）人才培养方案的形成构建途径

构建合理的课程体系是保障人才培养目标实现的有效途径。高校培养应用型人才，必须根据行业和职业群的发展要求，按照以促进知识、能力、素质和谐发展为目标和以能力培养为中心的教育理念，设计人才培养方案，构建人才培养模式。

1. 构建课程体系理论

构建应用型高校人才培养的理论课程体系，需要对人才培养目标和要求进行整体研究，并根据行业和用人单位的职业要求广泛采集人才需要掌握的知识点和能力点，学校再根据所采集的知识点和能力点来组织、设计人才培养方案，可以在围绕职业能力的培养来设计理论课程体系架构时，必须分析、把握应用型人才职业能力的构成要求及形成机制。职业能力是指个体从事一门或若干相近职业所必备的本领，是个体在职业工作、社会交往、私人生活中的思维方式方法及做人态度、做事能力的反映，包括从事职业应具备的有关知识、行为态度、技能、职业经验等内容。职业能力的形成主要包含以下方面：

第一，专业能力是个体合理地利用专业知识和技能独立解决问题的一种能力，是劳动者胜任工作、赖以生存的核心本领。专业能力的形成主要是通过学习某个职业群（或行业）的专门知识、技能、行动方式和态度而获得的。

第二，方法能力是个体在家庭、职业和公共生活中，对发展机遇、要求和限制做出解释、思考和评判，并能有效开发自己的智力，设计发展道路的一种能力。方法能力的形成特别强调对劳动者思维的合理性、方法的逻辑性、学习的独立性，获取新知识新技能、独立寻找解决问题的途径，以及制订工作计划、把握工作流程、实现自我控制等方面的培养。社会能力、方法能力虽然与专业能力无直接联系，但这种能力非常重要，是劳动者适应职业变更、劳动组织变化的一种转岗能力，被看作是一种跨职业能力。因此，学校在应用型人才培养的理论课程体系设计中，必须综合考虑这些职业能力的培养。

第三，社会能力是个体建立社会关系、感受和理解社会责任、有效处理矛盾冲突，与他人交流、合作、共处的一种能力。社会能力的形成特别强调对劳动者的人生态度、社会适应性和行为规范性的培养。

知识是能力形成的基础，学生职业能力的形成离不开对理论性知识、工作过程知识和实践性知识的学习。因此，培养应用性本科人才需要突破传统按学科范式设计的课程构架，对理论课程体系进行大胆的整合、取舍与创新，不断夯实学生职业能力形成的知识基础，不断增强学生的发展后劲。

从理论课程体系构建而言，首先，要通过构建"公共基础 + 专业基础 + 素质基础"的平台化理论课程体系，不断扩充学生的知识面，巩固专业基础，提高综合素养；其次，要通过构建"专业主干、专业方向选修、职业拓展选修"的模块化理论课程体系，不断提高学生的职业能力、技术应用及研发能力，拓展学生的个性化发展空间；最后，要以地方社会经济发展的人才需求为导向，按行业发展的要求把"学位（学科）课程、技能课程、职业课程"有机结合起来，促进各类知识的融会贯通，为学生职业能力的构建提供相对系统的理论知识和技术原理，不断增强学生把基本理论、基本技能在行业中应用的能力，促使学生向建设者转变。

2. 形成实践课程体系

形成应用型人才培养的实践课程体系是培养学生实践、创新、创业能力的重要途径。形成多路径的实践课程体系，对学生进行实践技能训练和专业素质拓展训练，对增强学生的实践、创新、创业能力有着极大的促进作用。在实践教学中，指导教师应重点讲授研究和解决问题的思路和方法，鼓励学生积极提出问题，参与讨论，并通过各种渠道为学生实践提供相关资料，促使学生努力探求知识，始终保持对研究、分析和解决问题的兴趣和好奇心，让实践教学成为学生走上工作岗位前的演练，让学生在实践中不断深化对所学理论知识和技术原理的认识，不断增加其对未来职业的理解与感悟。

形成实践课程体系的关键在于有效开发与职业能力相关的一系列的实践教学内容。实践课程体系可按照基本技能、初步综合技能、高级综合技能、创新技能的梯度模式进行设计，采取课内实训、实验设计、毕业设计、课外专业实习、开放实践等多种教学方式，对学生需要掌握的技能进行训练。属于核心或主流技术领域的实践教学内容宜开设为必修课，属于新兴技术领域的实践教学内容，宜开设为选修课；属于能力外延扩展或深度提高的实践教学内容，宜开设为课外的开放实践；涉及基本技能和初步综合技能的教学内容，可采用与理论教学相捆绑的课内实训或实验的形式；涉及高级综合技能和创新技能的教学内容，可依托专业实习、实验设计、毕业设计和开放实践等形式，独立设置实践教学环节。

开放实践是一类不占计划学时的课外教学活动，除了不受课内计划学时总数的限制外，可采用开放实验、学科竞赛、项目开发、职业认证等多种形式组织开展，在内容上可根据技术的最新变化进行灵活调整与扩充，学生也可根据自己的兴趣、特长及未来职业导向自主选择不同的实践主题，甚至学校可以创造条件，鼓励学生在开放实践中利用所学的技术实施创业项目。实践教学是将学生所学的知识应用于实践并转化为综合能力的关键性教学环节，是培养学生理论联系实际的必要手段，是理论知识得以实现的根本途径，是检验和巩固学生所学知识及理论教学质量的有力保证。因此，必须加强实践教学工作管理，以确保实践教学环节得到落实。

3. 落实素质课程体系

落实应用型人才培养的素质课程体系，对学生进行素质拓展训练，是提升学生人文素养、促进学生全面发展的重要手段。素质拓展不仅包括专业素养的拓展，还包括社会综合能力的扩充、精神气质的陶冶和身心品质的提升。素质拓展既重视人文教育对学生健全人格的塑造，也重视科技文化知识对学生成才、成功的启蒙，更重视科学精神对学生创业、创新意识的涵养。构建素质拓展课程体系，是对学生进行职业能力和专业外延训练、促进第一课堂和第二课堂有机融合、推动学生课外学术科技活动与课内教学紧密结合的有效途径。

学生进行素质拓展训练，可通过形式多样的方式灵活开展，与科研工作相结合，结合专业特点，推进学生科研训练计划，鼓励学生较早参加科研和创新活动，以培养学生的科学素养，提高学生学习与研究的积极性；让学生参与数学建模竞赛、电子设计竞赛、多媒体制作竞赛、英语竞赛等活动，通过各类专业证书教育、各类专项培训，提高学生的专业应用能力和技术开发能力；让学生参与教师的科研项目构思、设计与实施，提高学生的知识运用能力和科研能力；与学生社团工作相结合，通过组织学生参加各类科技、文化活动，提高学生的社会交往能力、团结协作精神等。高校应用型本科应将素质课程体系全面纳入应用型人才培养的方案之中，通过完善项目化管理、学分制认证、规范化运作的素质教育体系，务求素质教育取得时效，不断提高学生的人文素养和综合素质，促进学生全面和谐发展。

二、高校应用型人才培养方案的形成机制

高校应用型人才培养方案的形成机制主要包含以下方面，如图2-1所示。

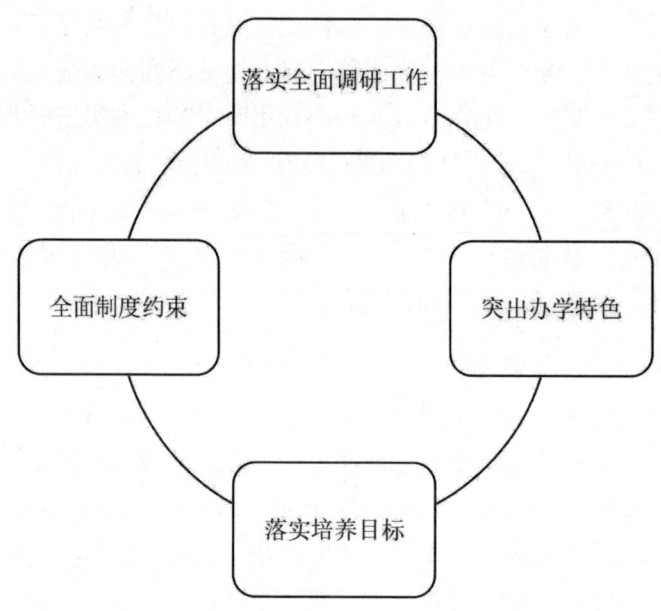

图 2-1　高校应用型人才培养方案的形成机制

（一）落实全面调研工作

全面调研工作包括学科与专业发展状况调查、人才培养社会需求调查、学生就业与人才培养效果调查等方面，制定的人才培养方案应全面、客观、真实地反映这些内容，具体包括以下方面：

第一，国内高校调研，分别就培养目标、专业定位、专业特色、培养途径、课程安排、学时分配、实验课程等与相关专业一一进行比较分析，厘清专业培养方案的优缺点，其目的是找准专业办学的比较优势与人才培养定位的细分市场。

第二，社会单位调研。邀请当地总工会、劳动就业办公室、劳动监察处相关领导以及不同类型企业负责人参加专业建设座谈会，同时走访多个单位就高校应用型本科劳动与社会保障、行政管理、劳动关系专业人才培养进行调研和论证，其目的是全面掌握所培养的人才的就业市场与人才培养规格的现实需求。

第三，毕业生跟踪调研。调查内容包括个人现状、初次就业情况、对学校人才培养方案的评价等，通过调研，以便比较全面地了解毕业生情况，及时做好信息反馈，其目的是找出目前在人才培养过程中存在的问题和偏差，为探索培养方案如何更好地适应社会需要提供参考和依据。

第四，在校生调研。对劳动与社会保障专业、行政管理专业的在校学生进行问卷调查。调查主要侧重于本专业学生对所学课程的学时、课程设计及培养方案执行情况的调查，目的是解人才培养方案的执行与运行状况。

以上调研工作应扎实具体，在全面调研的基础上，进一步明确高校应用型本科专业的办学定位和办学特色，成为制定科学合理的人才培养方案的坚实基础。

（二）突出办学特色

高校应用型本科办学定位于培养具有国际化视野，服务于地方经济社会发展，面向企事业单位、政府机关人力资源管理部门及各行业组织就业，从事各专业及人力资源管理工作的"宽口径、善创新、厚基础、强能力"的高素质专门人才。

突出办学特色一方面要紧紧围绕应用型人才的培养进行；另一方面要大力培育自身的特色，提升整体办学实力和核心竞争力。特色专业是指高等学校在教学改革和专业建设过程中，在办学理念、人才培养目标、培养模式、培养质量等方面具有显著特色，培养的学生某些方面的素质和能力优于其他院校的该专业学生，并得到社会的广泛认可、有较高声誉的专业。每所高校肩负的人才培养任务、定位与思路都会根据自身所处的地域、层次和社会发展对人才的需求来确定。不同类型高校的学术贡献、人才培养层次、为社会服务的方式以及在高等教育中发挥的功能和作用也有所不同。因此，高校应用型本科的办学特色是形成办学多样化的有效途径，是高校在教育市场中具有竞争力的表现，也是学校吸引生源、提高社会地位和培养创新型人才的表现。突出办学特色主要包括：人才培养机制的特色，即把教育教学各环节、各部分的设计意图与要求揭露出来，把人才培养方案遵循的内在逻辑也即是目标人才产生的逻辑揭露出来；人才培养规格的特色，即通过同类院校培养目标的比较，找准人才培养规格的比较优势；人才培养内容与体系的特色，即以素质、能力结构为核心，构建适合人才培养的课程教学体系、实践教学体系，并完善相应的培养方式与实施途径保障。

（三）落实培养目标

人才培养方案既要反映现实的客观需要，又要反映人才发展的未来需要，这就需要理性辨析两者的关系，科学论证方案的合理性。需要理性地分析论证拟培养的人才应当具有的知识、能力与素质的关系，特别是应具有的核心素质与能力；需要厘清培养方案包含的功能模块及其教育教学内容；需要匹配各门课程与学生素质能力培养的对应关系；需要调整和革新对教学内容与教学方式的要求等。

科学的人才培养目标需要科学的人才培养机制来落实。人才培养的目标定位，包括服务面向、主要就业岗位以及未来职业发展的基本路径等，专业办学特色应充分体现并落实这一要求。通过对传统的以专业知识与技能培养为核心的教学内容与课程体系进行全面改革，强化教学组织与实施体系建设，特别是通过课程建设体系、学习指导体系、经典导修体系、自我设计与开发体系、网络教学体系等建设、实践性教学体系，构建有利于学生进行自我设计与开发的教学体系，推动教师教学模式和学生学习模式的全面改革，建立开放性的人才培养模式，培养具有新儒商精神、具备新儒商素质和国际化视野，服务于地方经济社会发展，面向企事业单位、政府机关等工作的复合式高素质应用型人才。以应用型高校公共管理类专业为例，按照"宽口径，复合式"的要求采用"本专业＋人力资源管理专业"的复合式专业人才培养模式；按照"凝内含、高素质"的要求着重培养"政策法规执行能力、业务操作能力、人际沟通与协调能力"体系；按照"成才与成人、人文素质与职业素质、初次就业能力与职业发展能力三结合"的要求拓展培养"基本素质与发展潜能、主体性与创新创业能力、适应国际化需要的素质与能力"的素质与能力体系。

（四）全面制度约束

制度约束可以避免主观随意，在高校应用型人才培养方案形成与调整过程中，既存在许多导致偏离设计目标的主观因素，也存在许多阻碍设计目标实现的客观障碍，这就需要通过制度设计以及严格执行制度来有效消除这些因素的影响，克服可能遇到的障碍。培养方案所要求的改革越多、越彻底，这类因素和障碍也就越多。主要包括四个方面：

第一，在设计者与实施者分离的情况下，如何保证将培养方案的设计意图贯彻到底。

第二，在教学任务承担者分散的情况下，如何保证教师课程教学目标与培养方案设计目标一致。

第三，如何有效避免不同课程之间教学内容的交叉重叠。

第四，在实践教学条件不完备的情况下，如何变"供给推动"为"目标拉动"，如何保证实践教学课程能够如期开出，如何保证教师能有足够的胜任力进行合格的实践教学等，这就要求在所涉及的各个模块必须严格、充分地论证，论证成熟，方能实施。与此同时，创造性地要求和强化人才培养方案实施大纲、实践教学大纲、课程大纲等成体系的专业与教学基本文件的编制。

三、高校应用型人才培养方案的形成设计

（一）培养方案形成设计的具体思路

以劳动与社会保障专业人才培养为例，采用"社会保障 + 人力资源管理"的人才培养模式、行政管理专业人才培养采用"行政管理 + 人力资源管理"的人才培养模式、劳动关系专业人才培养采用"劳动关系 + 人力资源管理"的人才培养模式，充分考虑用人单位需求的多样性和学生职业发展的差异性，将人文生活素质与职业素质、初次就业能力与职业发展能力培养相结合，强化基本素质和学科基本素质与能力培养，以人文素质和自我设计与开发能力培养为重点培养基本素质，以数学、经济学、英语素质与能力培养为重点培养学科基本素质与能力，突出专业核心能力培养，加大实践性教学比重，注重学生就业的地域分布特征，提高学生就业适应能力。同时，采用"成才 + 成人"模式，注重课程教学之外对学生的心理、情感、行为、观念、习惯等的引导、规范、培育以及对学生各种社会素质与生活能力的培养，将以课程体系为载体的系统性知识、能力培养和以课外活动为主体的多样化、个性化综合素质培养有机结合起来。

（二）培养方案形成设计的基本理念

第一，主体性理念。通过整合利用课内外、校内外教育教学资源，将自我设计与开发意识、能力与习惯的培养与人生与职业规划、创新创业能力培养、专业及学习指导、就业与职业发展指导、社会实践等有机结合起来，以引导学生进行自我设计与开发实践为主体，按照理念引导—实践指导—行为养成的模式，对学生进行全方位、多层次的教育引导与实践训练，培育学生的主体性和创新、创业能力。

第二，持续性理念。以公共管理类专业为例，该专业人才所需要的能力的形成并非通过单一课程在短期内就能完成的，从对相关知识的了解到熟练掌握，从潜能的发现到能力的形成，都是一个长期的过程，需要在大学四年中持续不断地进行学习与训练。因此，坚持能力培养的持续性，在课程设计及实践环节设计上需要保证不同层次与维度的能力的一贯性，四年间断。

（三）培养方案形成设计的素质要求

不同类型就业及需要履行职能的差异性，使应用型高校专业人才的能力要求差异化明显。以公共管理专业为例，从服务地方经济社会发展的定位以及社会发展的实际需求而言，该专业人才就业可能性较大仍然是在数量众多的中小型非国有企业。根据能力发展的阶段性及层次性，公共管理类专业人才初次就业要求具备"宽口径、厚基础"的基本素质、人力资源综合能力和劳动法律法规及政策应用能力。而未来职业生涯发展将呈现多元化特征，需要有国际化视野，具备较强的沟通协调及危机处理能力，成为真正不可或缺的核心人才，这三个方面的要求均需要在人才培养的课程体系、教学内容体系及实践教学体系中完全渗透，也就意味着教学设计将围绕能力的培养展开。

（四）培养方案形成设计的课程体系

1. 基于能力培养的课程体系

课程体系的设计充分体现能力培养的基本要求，建立能力层次递进模型，根据不同层次能力形成的客观规律合理设计课程体系，主要包含以下方面：

（1）基本素质与能力要求是大学教育与职业教育之间非常重要的差异，大学教育不仅要培育具有专业素质的专门人才，而且拥有较强的基本素质，能够不断适应社会发展的需要。

（2）人力资源综合能力作为专业序列通用能力，在初次就业中扮演非常重要的角色，通过人力资源综合能力的培养，能够进一步理解和掌握劳动关系专业能力的核心与精髓。

（3）学科通用知识与能力充分体现"宽口径与厚基础"，是专业能力与技能形成与提升的重要基础，同时也会在学生未来的职业生涯发展中从事相关工作并发挥基础性的作用。

（4）专业能力是体现专业人才的特殊性及特色，也是学生所在专业区别于其他专业的核心能力，在人才培养体系中居于核心地位，在学生初次就业和职业生涯发展中将发挥极其重要的作用。

2. 课程体系设计的构建思路

根据用人单位对公共管理类人才的核心能力的需求，突显高校公共管理类人才培养的特色。在课程设计上，依据知识、技能、能力需求合理安排公共基础课、学科基础课、专业课以及专业限制性选修课，遵循知识学习的基本原理，保证知识内容体系的承接起合逻辑严谨。基础课做到"全、深、透、足"，即知识领域覆盖面要"全"，课程内容要"深"，讲解要"透"，课时量要"足"，专业课要"精"，即专业课程及其内容选择要精，注重专业知识与能力的可扩展性，突出核心能力培养；实践性课程要"全、够"，不仅要确保学生掌握专业核心能力特别是初次就业所需的各项技能，而且要掌握进行自我设计与开发的基本能力；课程内容要注重应用性，突出方法与技能，不仅注重基础理论知识的传授，还要关注知识的应用与方法技能的培养。

第三节　高校应用型人才培养大纲的制定

高校应用型人才培养大纲是指培养专业人才的总体实施方案，是教育机构依据人才培养方案来实现教育目的和培养目标，实施的一切活动及其安排总体实施规划，详细阐明人才培养方案设计的客观依据，所遵循的教育理念，人才培养的目标定位，包括服务面向、主要就业岗位以及未来职业发展的基本路径，拟培养的人才应当具有的素质与能力结构特别是应具有的核心素质与能力，培养方案包含的功能模块及其教育教学内容，各门课程与学生素质能力培养的对应关系、对教学内容与教学方式的要求等。专业人才培养方案实施大纲是教育机构人才培养过程组织实施的纲领性和指导性文件。

通过制定人才培养方案实施大纲，要将隐藏在培养方案背后的内容揭示出来，把教育教学各环节、各部分的设计意图与要求揭露出来，把人才培养方案遵循的内在逻辑也即是目标人才产生的逻辑揭露出来，为教学大纲（课程教学大纲、实验与实习大纲）制定者、教学任务承担者和教学组织与管理者提供一份详尽的实施指南。这是在培养方案制定者与实施者分离、培养任务承担者分散条件下，避免方案实施中的主观随意性，确保实施过程不偏离设计目标、培养内容符合设计要求的关键所在。

一、高校应用型人才培养大纲的主要内容

作为人才培养方案实施的纲领性文件和路线图，高校应用型人才培养大纲需要将人才培养方案制定与实施中的隐性知识显性化，并进一步具体化。

（一）人才培养的基本思路

人才培养的基本思路需要解决的是"如何进行培养"的理念与具体行动思路问题，就是厘清人才培养过程是怎么相互联系，组合成一个整体，从而有效地实现培养目标，以及阐明这样组织的道理所在。人才培养思路要具有鲜明的时代特征，要随着时代的进步不断转变。高素质应用型人才培养旨在培养在知识、能力、观念与精神方面都达到较高水平，素质高、可就业能力强的高素质应用型人才。需要依据专业人才培养目标，结合现代教育理念与人才培养的途径与方法，经过反复思考讨论形成并适合于人才培养目标指向的基本思路与理念。

（二）核心能力与素质模型设计

以社会需求为导向，全面了解不同类型用人单位对专业人才的具体需求，依据专业人才培养目标的形成过程，分析专业人才培养的核心能力与素质要求，同时将初次就业能力要求与未来职业生涯发展的能力要求结合起来，结合专业人才培养特色与"厚基础、宽口径"基本素质要求，全面梳理高素质应用型人才培养的核心能力与素质需求，并进行详细界定与分级，区分初次就业能力与未来职业生涯发展的能力素质的差异，构建专业人才培养的能力素质层级递进模型。

（三）设计素质能力培养课程体系

根据专业人才培养的能力素质层级递进模型，在课程设计上，依据知识、技能、能力需求进行课程设置，明确基础课、专业课与实践性课程的基本要求，建立与核心能力与素质要求相对应的课程体系，依据不同课程的能力与素质培养指向的特点，强调课程学时分配的原则与重点。此外，还要遵循知识学习的基本原理，保证课程体系的承接起合逻辑严谨，不仅要确保学生掌握专业核心能力特别是初次就业所需的各项能力，而且要保证学生基本素质与能力培养的可获得性与连续性。

（四）课程教学内容优化与整合

课程教学内容的优化与整合就是从专业人才培养的角度，以核心能力与素质培养为目标，从宏观上区分各门课程的目标、主要内容、承接启合的顺序及需要掌握的程度，这是避免课程内容交叉重叠的重要步骤，更是核心能力与素质形成的阶段性规划，是解决课程分割性与能力素质培养统一性矛盾的关键所在。需要注意的是，课程教学内容的优化与整合涉及不同类型的课程，包括基础课、专业基础课、学科基础课及专业课等，涉及内容众多，体系繁杂，在内容上不可避免地会出现交叉或重叠，甚至在能力与素质培养的层次上都有可能会重叠，如何从人才培养的角度进行全局性的优化与整合将面临较大的挑战。

（五）课程体系的实施方案

需要依据课程设置的能力指向选择课程体系的实施方式，确定不同课程的课堂教学、实验教学、社会实践等方式的具体课时分配与能力指向，这是从整体上对课程体系的教学实施方式进行设计。在实施大纲中需要明确阐明各门课程所采取的教学实施方式的特点及其原因，为教师课程教学提供方向性的指引。在课程实施者与制定者相分离的情形下，明确各门课程的组织实施方式将有助于理解不同课程应该采取的最佳教学方式组合，提升课程体系实施的有效性。

在课程体系实施方式设计中，需要结合专业特点明确专业人才培养可以利用的各种方式，并根据各种不同方式确定相应的考核方式，从总体上部署课程体系的实施，形成课程体系、实施方式与考核方式相对应的矩阵式结构，这是课程教学方式与考核方式改革的核心和方向。

（六）设计实践性教学环节

根据专业人才培养目标，按照理论联系实际，注重能力与素质培养的原则，循序渐进、科学合理地安排实践教学环节，建立完善的整体优化的实践教学体系，并通过实践教学体系的实施，使学生得到系统的能力培养，在综合素质和基本技能等方面全面提高。需要从以下方面着手进行实践性环节的设计：

第一，需要在课程体系设计、课程内容设计与课程实施方式的基础上，进一步明确各门课程实践性教学的内容及具体的方式，包括课程实验项目的开发、学时数、实验类型及具体实验要求等内容。

第二，需要结合阶段性课程学习与素质能力培养的阶段性要求，明确阶段性社会实践的内容与方式，包括课程设计、认知实习、专业实习等方面的内容。

第三，需要依据专业核心能力与素质培养的目标，根据学生个性特点及课程体系进度安排，适时、适当安排第二课堂活动，以学生为主体，确定第二课堂实践能力培养的途径与方式，以强化实践能力的培养，形成对正式课程教育的有力支撑。

二、高校应用型人才培养大纲的制定路径

高校应用型人才大纲是高校实现人才培养目标和达到人才培养目标的人才培养方案实施的核心与关键，是全面系统提高人才培养质量的重要保证。为落实人才培养方案所确定的人才目标，适应经济社会发展对高素质应用型人才的需求，应合理规划本科专业人才培养方案实施大纲的制定过程，要更新人才培养观念、创新人才培养模式。

（一）高校应用型人才培养大纲的指导思想

明确的指导思想是制定实施大纲的前提和基础。高校应根据学校与专业的典型特征，结合自身的学科优势与专业资源，在实施大纲的制定过程中应充分发挥综合性优势，强化专业人才培养的特色。需要遵循如下指导思想：

1. 坚持人才培养的育人思想

提倡"相融互通"的理念，构建以通识教育为基础的宽口径人才培养模式，坚持"科学发展、开放办学、以人为本、服务社会、改革创新"的基本理念与思路，形成"第一课堂与第二课堂相融通、学科建设与本科教学相融通、通识教育与专业教育相融通、招生培养与就业创业相融通"的本科教育融通制，着力培养具有创新精神、实践能力和终身学习能力的高素质人才。

2. 坚持教学内容与课程体系的优化整合

通过吸收学科专业的最新知识，总结近年来教学内容和课程体系改革所取得的最新成果和成熟经验，不断更新和合理安排各个环节的教学内容，按照学科专业的知识结构进行课程体系的优化整合和科学重组，形成内容前后衔接、知识结构科学合理的课程体系。

3. 坚持学生个性与自我设计与开发

注重学生个性发展，适度控制必修课学分，提高选修课比例，增强教学计划的弹性，给予学生更大的自主学习空间与选择权，按照学术研究类、就业创业类等不同的人才培养途径设置专业发展课程组，为学生自主选择发展方向提供更多机会。

4. 重视实践与创新能力结合

进一步丰富实践教学的内容、方式和途径，提高实验、课程设计（课程论文）、生产实习（认知实习）、毕业设计（论文）、社会调查等教学环节的质量和效率。鼓励学生参加科学研究、学科竞赛、社会实践、技能训练等研学活动，在实践中切实提高学生的动手能力和创新能力。

5. 倡导开放性与国际化

培养方案积极借鉴国内外高水平应用型本科的成功经验，吸收融合国内外有利于人才培养的先进教育理念，在课程设置上重视校际的合作与交流。逐步推进与其他联合高校的学分互认，创造条件鼓励学生参与国际交流，进一步加强双语教学，促使学生具备国际化视野。

（二）高校应用型人才培养大纲的制定方法

高校要遵循"育人为本，依法建章，规范管理，加强监督"的原则制定人才培养方案实施大纲，整体规章制度设计应以培养高素质、创新型人才为目标，力求有助于激发学生学习的自觉性、自主性和创造性，形成系统性、一体化的人才培养方案实施大纲管理制度。

高校应用型人才培养大纲的制定过程实际上与人才培养方案的形成过程密不可分，因为制定人才培养方案需要有关人才培养目标、课程体系、教学环节等内容的设计与考虑，实施大纲的制定则需要将人才培养方案中隐性内容进一步显性化。因此，高校应用型人才培养大纲的制定遵循如下基本阶段，如图 2-2 所示。

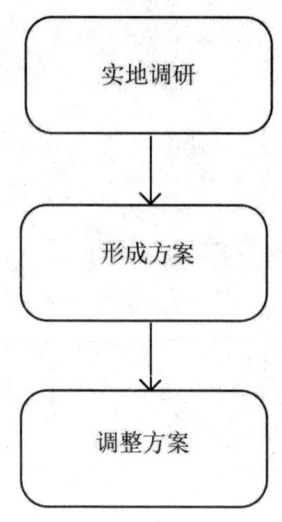

图2-2　高校应用型人才培养大纲的制定方法

1. 实地调研

实地调研阶段与人才培养方案的制定紧密相联，通过实地调研考察、问卷调查或小组讨论的方式，了解其他学校相同或相似专业的人才培养实施过程，并需要对过去人才培养的相关经验与教训进行总结，为后续人才培养理念、目标及思路提供基础。

2. 形成方案

人才培养方案所确立的人才培养基本理念与思路，只是简单的描述，因此需要结合专业发展对人才的社会需求、学校的办学定位与学科优势，明确人才培养的基本理念与思路形成过程，也即明确人才培养所遵循的基本理念和如何培养人才的基本思路，这需要在人才培养方案实施大纲中充分体现。

与此同时，形成人才培养方案实施大纲的主要内容，包括专业人才核心能力与素质模型设计、承载素质能力培养的课程体系设计、课程教学内容优化与整合、课程体系实施方式设计与实践教学环节设计五个方面。在内容设计上，要充分体现人才培养方案中所提出的课程体系与实践性教学环节的内涵与目标指向。在这一阶段，需要组织各层面的研讨会，如教师头脑风暴法研讨、学生分组讨论商议及领导小组审核商议等方式，对于培养方案所承载的内涵充分地体现，并形成具有逻辑性非常强的内容体系。

3．调整方案

高校应用型人才培养大纲初步形成后，需要以人才培养方案为目标指引，组织多层次的讨论，根据人才培养方案实施过程中的意见反馈调整人才培养方案实施大纲的内容与方式。

（三）高校应用型人才培养大纲制定过程的监督

高校应用型人才培养大纲的制定过程需要有严格的组织与管理程序，以保证人才培养方案实施大纲与人才培养方案的一致性，大纲制定的过程监督主要包含以下方面：

1．制定明确的规划，落实大纲编写责任人

大纲的制定需要与人才培养方案的形成过程一致，因此需要制定详细系统性的规划，明确制定的阶段性目标和具体的会议日程安排等内容。更重要的是，需要明确大纲编写的责任人，一起参与到人才培养方案的形成过程中。最好培养大纲编写责任人与人才培养方案责任人为同一人，这样能够保证实施大纲的编写不偏离基本的人才培养目标。

2．合理安排研讨与内容，做好组织保证

大纲的制定是一个系统性的工程，因此需要在详细规划的基础上，明确各个阶段研讨的主要内容，提交相应的规范性的表格，而且需要在人力、物力上给予充分的支持，以保证制定过程的顺利进行。

3．记录大纲形成过程，并进行详细整合

人才培养方案形成过程需要有不同层面和不同类型人员的参与，因此需要详细记录各方的观点与意见，尤其是针对提出的将要写入人才培养方案中的内容进行详细的记载，以充分体现制定过程的科学性，而且为高校应用型人才培养大纲的形成奠定坚实的基础。此外，需要对形成的意见和建议进行格式化的梳理与整合，形成关键性的意见和建议，均可作为人才培养实施大纲的重要附属内容以提供给教师和学生，包括外部人士阅读，加深其对人才培养方案形成过程中参与者的意见和建议的理解。

4．构建阶段性的评估与监督机制

为保证高校应用型人才培养大纲制定过程的科学性与完整性，需要教学管理部门针对实基于自我设计与开发的高素质应用型人才培养模式研究施大

纲的制定环节进行评估与监督，包括阶段性的评估文件和评估会议，以督促实施大纲制定者按时、保质保量地完成实施大纲的制定过程。

三、高校应用型人才培养大纲的制定落实

高校应用型人才培养大纲制定完成后，需要配合人才培养实施方案进一步落实，主要包含以下方面：

（一）理念宣传

高校应用型人才培养大纲真正起到人才培养的引领作用，成为教师和员工的自觉行为，融入日常的教学组织管理活动中，用全新的理念进行人才培养，需要根据实施大纲的具体要求，做好其理念宣导，让教师和学生都明确人才培养的目标与方式，成为一种自觉和自发的行为。理念宣导需要做好以下三个方面的工作：

1. 教师理念的宣传

进一步丰富和完善高校应用型人才培养大纲的理念精神，宣传基本教育理念，培育教师对于专业人才培养理念的先进性与时代性，明确大学教育的本质和专业人才培养理念的特殊性，强化教师在人才培养方面的理念，可以采取专业教研室研讨会或教育理念大讨论等形式来对人才培养理念进行贯彻。

2. 学生学习观念的宣传

学生的学习需要从被动式的教育中解放出来，增强自主学习的理念，需要不断强化学生对自身的认识，并能与实施大纲中提出的人才培养目标与理念一致，引导学生在思想上加以重视。通过学习班、学习演讲、征文比赛或与教师共同研讨等方式强化学生对于人才培养过程主体性的认知。

3. 教育工作者人才培养理念的宣传

教学管理人员与学生工作人员同样需要熟悉专业人才培养的基本理念，强化其在教学管理过程中的各种规范行为，尤其要在注重主体性与创新性方面做出努力。

（二）落实过程

理念宣导是高校应用型人才培养大纲落实的第一步，需要在具体的教学管理、教师教学以及学生学习三个方面进行落实，如图 2-3 所示。

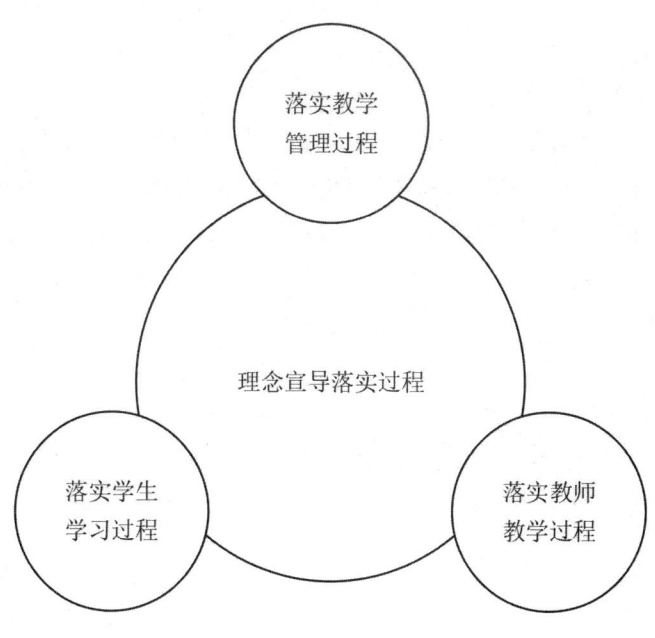

图 2-3　理念宣导落实过程

1. 落实教学管理过程

围绕高校应用型人才培养大纲中提出的课程建设的要求与核心能力与素质培养的目标指向，需要制定不同教学环节中的纲领性文件，重新设计教学大纲，按照能力与素质培养要求在教学大纲中合理安排课程内容、试卷、作业及课程考核方式等；在实践性教学大纲中突出和强化核心能力与素质的培养，以保证与实施大纲的一致性。值得注意的是，在教学管理中要完善与实施大纲一致的各种管理表格与工具，以保证实施大纲落实具有相应的程序与方法。

2. 落实教师教学过程

教师的教学过程需要按照教学大纲设计的要求合理安排具体的课程教学，包括学生的能力培养，需要有定性与定量的反馈作为教学的基础性文件，这一互动过程需要认真保证教学过程不出现偏差，保证教学目标的实现。同时，教师作为学生学习的引导者，要在课程教学中强化学生对于课程能力培养的目标指向，并建立学生的能力发展档案，以保证学生在课程教学中能够达到课程所规定的培养目标。更重要的是，教师需要根据实施大纲确定的基本考核与考查方式，灵活运用多种方法对学生获得的知识、能力与素质提升状况进行评价。

3. 落实学生学习过程

学生围绕自我设计开发为核心，通过与课程教学中与教师的互动以及课后的自主式学习，根据自身的目标及能力素质状况有针对性的安排学习环节，包括课堂学习、积极准备讨论、课后阅读以及课外的社会实践活动等方面，其核心是以阶段性的能力与素质形成为最高目标与标准。

（三）动态监控与调整

对于高校应用型人才培养大纲的具体落实过程，需要针对教学管理、教师教学与学习的学习过程开展定性与定量相结合的动态评估，以监督教学管理过程中不出现偏差，需要通过两个基本机制来实现这一基本目标。

1. 绩效评价机制

作为教学过程的发起者和具体环节的实施者，对教师在落实人才培养方案实施机制方面需要强化硬性与软性两方面的约束。通过教学效果评估机制并与个人薪酬相挂钩的制度来实现大纲的硬性约束，以激励和约束教师的教学过程与教学规范行为。可以借助目前高校教师绩效评估全面落实的契机，引入合理的奖励与惩罚措施，确保教师的教学活动与实施大纲保持一致。与此同时，通过各种荣誉机制和学生评教制度对教师形成软性道德约束，以督促教师在教学过程中严格按照实施大纲的规范和要求进行教学。作为专业人才培养的基本单位，专业教研室或教研组需要承担起对教师最直接的监督与考核责任。当然，这一机制的顺利实施需要与高校整体的教学改革及配套机制密切相关，在体制方面准备成熟的条件下可以尝试引入此类有力的激励与约束机制。

2. 动态追踪机制

由于学生自我能力和视野的局限，在以自我开发与设计为核心的教学模式中容易出现对自身的知识、能力与素质模糊不清的状况，尤其是在阶段性学习结束以后。因此，需要建立学生学习效果的动态追踪机制，以学生为主体，融合教师（指导教师）、同学以及学生工作人员对学生的成长过程进行阶段性的评价，指出学生知识、能力与素质所处的状态以及与个人制定的阶段性目标进行对照，及时发现学生在知识、技能与能力方面存在的不足之处，并与学生的评优、评奖等结合起来。最关键的是建立一套信息化的动态追踪系统，对学生的知识、技能与能力进行评估，而且能够有效地反馈给学生，为其制订能力提升计划提供参与依据。

四、高校应用型人才培养大纲的制定效果评估

人才培养各阶段、各环节实施效果如何，整个高校应用型人才培养大纲的实施效果如何，是否与培养目标一致，应对高校应用型人才培养大纲的效果进行有效的评估，以保证大纲的落实过程不偏离当初设定的目标，而且需要通过对大纲效果的评估来对制定的大纲进行动态调整。

（一）大纲制定效果评估的内容与方式

高校应用型人才培养大纲效果的评估需要围绕学生短期与长期能力与素质的培养目标实现程度，从过程与结果两个方面展开。依据学生自我设计与专业人才培养目标与开发目标两个层面，过程、结果及长期影响来确定实施效果估计的内容，具体包括以下方面：

第一，个人自我设计与开发阶段性设定目标达成情况评估。这一评估内容主要针对学生自我设计与开发的效果进行阶段性评价，重点评估学生在大学期间个人设定自我目标的达成情况，如确定的学习任务、社会实践经历以及个人的行为表现等内容的达成情况，其评估方式可结合个人规划目标和导师制在知识、技能与能力方面的联合评估来实现，侧重于评估学生的自我开发意识、目标达成的意愿、途径与方法的科学性。

第二，专业人才培养阶段性培养目标达成情况评估。专业人才培养阶段性培养目标达成情况的评估学生在高校应用型人才培养大纲所确定的知识、能力与素质要求方面的达成程度，可以按照学期或学年的间隔，根据人才培养确定的核心能力与素质进行阶段性评估，侧重于评估在人才培养过程中学生实际知识、技能与能力的获得状况。可以从课程知识性考核、能力考核与综合素质考核三个方面对学生实际达到的水平进行评估，与阶段性培养目标的差距即为专业人才培养阶段性目标达成情况的效果评价。

第三，培养期结束培养目标达成情况评估。与自我设计与开发相类似，培养期结束时需要对人才培养目标的总体达成情况进行评估，这是各个阶段性评估的基本汇总，更是一次对学生的全面评估与总结，对学生在知识、能力与素质等方面达到的水平与实施大纲所规定的进行对比，可以发现实施大

纲的落实情况和实际效果。

第四，培养期结束个人自我设计与开发设定目标达成情况评估。这是阶段性评估的延续，更是学生在大学里个人自我设计与开发获得的效果的最终评估，也是学生大学期间在个人自我设计与开发上达到的程度，侧重于从总体上对个人的自我设计与开发的能力与潜力进行评估，为未来的职业生涯发展奠定坚实的基础。

第五，工作后设定目标达成。学生毕业后踏入工作岗位，在大学期间所形成的自我设计与开发的能力会持续，对这种能力的持续性跟踪与评价是评估学生在大学期间自我设计与开发能力形成水平的重要借鉴与参考，这一评估过程实际上在社会中完成，可以检验此方面能力所达成的效果。

第六，工作后培养目标达成。工作后的反馈是专业人才培养的重要内容，体现出来的专业能力与素质涵盖了自我设计与开发的效果。评估此方面的内容实质上是实施方案有效落实及其合理性和科学性的集中表现，表现得越好，也意味着提出的人才培养目标与企业对专业人才能力与素质需求十分吻合。这种评估则需要经过一段时间，体现了实施大纲落实的长期影响。

（二）大纲制定效果评估的组织体系

高校应用型人才培养大纲的组织实施效果评估需要建立起一套相对完备的评估组织体系，具体包含以下方面：

第一，确定不同评估内容的责任主体。根据评估内容的不同，需要在责任主体方面进行有效区分，以保证不同类型的评估的有效性。根据"双轨制"教学过程组织过程的基本要求，过程性效果评价的不同方面需要确定各自的责任主体。例如，自我设定目标达成情况，需要来自于学生工作人员、指导教师以及同学的评价。不同的责任主体需要区分不同的责任内容，以确保评估时能客观公正。

第二，制定详细的评估流程与方法。明确责任主体后，需要从总体上明确不同阶段和不同内容的效果评估流程，并明确流程中所采用的方法，如统一的表格或整合式的效果评价信息系统，采取主动或客观方式进行评估。

第三，做好效果评估的监督检查与反馈。实施效果的评估同样需要教学管理部门人员的积极参与，并制定详细的规划，而且需要组织专家对于大纲实施效果进行监督和检查，以保证实施方案评估按照培养规划进行。与此同时，对于评价结果积极反馈到专业教研室或教研组，提出相应的建设性意见，为下一轮人才培养方案修订与实施大纲的制定提供有益的参考和重要的依据。

第四节　高校应用型人才培养体系的评价

随着我国教育事业的蓬勃发展，对于应用型人才的培养也越来越重视，实践教学成为高校教育的重要组成部分。在社会持续进步的背景下，应用型人才的培养越来越受我国高等教育的关注，在社会上也引起了热烈的讨论，是高校最为重要的课题之一。"随着教育部相关意见的提出，要求高等教育学校提高教学质量和人才培养质量，将应用型人才作为培养目标，促进社会经济转型，这已经成为高校发展创新的根本任务"[①]。而应用型人才培养实践教学评价体系的构建，是落实教育方针、实施素质教育、促进教育创新的重要举措，对提高高校人才培养质量有着积极意义。

一、高校应用型人才培养实践教学的评价体系

实践教学的根本目的是巩固理论知识，将理论知识迁移为学生的能力，进而实现培养出应用型人才的目标，让学生学会将理论联系实际、联系生活，这是提高学生动手能力的关键环节。高校的实践教学以培养学生职业能力为目的，在高校教学中的占比正在不断增加，实践教学的形式也愈发丰富，这就对实践教学的评价体系提出了全新的要求。

第一，基于应用型人才培养的实践教学评价体系应具备整体性、系统性。对于评价考核而言应一改传统的终结式评价，将过程性评价作为重点，对实践教学的教学计划、课程设计、课程实施、课程内容进行具体评价，并且结合应用型人才的培养目标，将学生的职业能力、道德品质、社会参与能力等作为主要培养任务，将实验、实训、社会实践等丰富内容进行具体评价，评价的方式应结合具体内容而定，做到全面评价、科学评价。

第二，评价应有益于实践教学改革与高校管理。实践教学本就需要高校投入大量的人力、物力与财力，包括场地、设备、师资以及和企业合作等，

---

① 逢博，陈光. 高校应用型人才培养实践教学评价体系构建研究 [J]. 科技视界，2022（2）：138.

通过可行的评价能够帮助学校判断实践教学带来的改进，能够为教学改进提供参考，也能够为学校的决策提供依据。

二、高校应用型人才培养教学质量的评价体系

在高校大行改革的背景下，实践教学的比重正在不断增加，而合理、完善的实践教学评价体系的构建也愈发迫切，是提升教学质量的重要手段。

通过有效的实践教学评价体系能够促使教师、学生对实践过程给予充分重视，使学生形成正确的认知，改变当前重理论、轻实践的教学现状，对培养应用型人才有着极强的促进作用。结合高校的特点，构建多样化的评价方法、多元化的评价主体，以评价反馈教学，促进实践教学的不断改进。

（一）完善办学理念，明确人才培养目标

在社会竞争愈发激烈的大背景下，高校必须与时俱进的更迭办学理念，满足社会对人才的需求，提高人才的综合素质。办学定位指的就是高校立足当地经济社会发展现状，明确特色办学理念、办学方向与角色定位，进而达成培养复合型人才的追求，既是高校办学的重要基础，也是高校办学的核心指导思想，是推动高校可持续发展的重要依据。

高校应用型人才培养应明确人才培养目标。高校基于应用型人才实践教学质量评价体系的构建，第一步就是明确培养怎样的人才，并以此为基础构建评价体系。因此，高校应考虑到自身的发展情况，制定合理、可行的人才培养方案，确保人才具备良好的社会适应能力、专业技能、道德修养与创新能力，进而推动学生的全面发展。

（二）构建系统多样的学生评价体系

首先，从结合应用型人才的培养目标而言，将学生的职业能力培养作为根本，从实验、实训、见习、实习、毕业论文这五个方面进行学生的评价。

其次，加强实践教学的指导与管理。实践教学通常是校内外相结合的，所以应做好实践教学的记录与成果，由专业指导教师针对实践教学结果评估，并且将这一评估结果作为课程成绩的重要参考。

再次，针对各个实践教学环节的成果，制定可行的综合能力考评方案，这一评价的目的是提高学生的操作能力、创新能力，促进职业能力的全面发展。这一过程的考评可以通过笔试、口试、实践操作和实践论文相结合的方式，

确保理论和实践的有机结合，充分了解学生实践教学的情况，从而提升考评的实效性。

最后，确保考核的全面性。考核不应仅局限高校，而是要做到教师、实验室和校外实践基地的联合考核，使评价贯穿于实践教学的始终，才能确保评价的精准性，明确学生的素质和能力。

此外，针对评价方法，应做到多元化评价，可以采用院校评价、专家组评价相结合的方式，高校针对人才培养的基础上，聘请专家组进行总体的检验，通过常态式的评价才能够达成校内、外部评价质量的一致性，形成有效的内部控制；也可以采用实地考察、文档查阅相结合的方式，查看教学设施、生活设施；听取管理层、教师、学生的座谈会；查验高校办学条件；调阅学生毕业论文等方式，通过评价的随机性来提高评价的精准性。

（三）构建标准明确的教师评价体系

高校虽然强调以学生为主体，应用型人才培养的实践教学也更加注重学生的自主性，但教师的指导作用仍然不可忽视，教师是实践教学改良、指导学生发展的重要角色，所以针对教师的评价同样不可或缺。结合高校的培养目标及相关要求，针对实践教学的各个环节明确质量标准，并设计出"校级""系级""自选"三个层次的教师问卷指标体系，其中"校级"指标是必选的，就是针对授课质量、课程质量的整体评价，目的是以实际教学成果为依据改进课程教学；"系级"指标是指教师所在院系结合具体要求设定考核指标，从而为院系的后续实践教学工作提供参考；"自选"指标是结合教师所教学科的特点，自己设计评教指标，从教师自身的层面进行评价或是教师个人希望从学生层面提出的反馈，以提升实践教学的针对性。

在考评时间方面，应秉持着周期性的原则，确保每个学期开展多次考评；在考评形式方面，教学评价应将总结性评价和即时性评价相结合。即时性教学评价就是学生通过手机、网络、问卷等方式给予的课堂评价，目的是让教师清晰了解实践教学的成果，明确学生所需后针对性调整教学方案。总结性评价就是设计每个总结周期，在每个阶段后开展总结性评价，明确这一阶段学生遇到了哪些问题、教师的课程设计有哪些不合理的地方、学生的职业能力是否提高等重要因素，教师和学生的协调配合，共同促进实践教学的改进，也就形成了良性的循环，有利于实践教学的有序开展。

第三章　高校应用型人才培养模式的转型

第一节　高校应用型人才培养模式的路径因素

站在宏观角度来看，当前的高校的人才培养主要可以分为两大类："一种是被称为研究型或理论型的学术型人才，另一种则是应用型人才，这两者有各自的不同社会需求且存在着较为明显的联系和差异，两种类型的人才培养均伴随社会发展而出现，对社会进步起到了很大的推动作用"[①]。而应用型大学比重小于学术型大学导致大学生就业难，因此地方高校应当重视培养学术型人才转变为应用型人才。当前，高校应用型人才培养模式的路径因素主要包括以下方面：

一、课程设置的教学方法

高校应用型人才培养模式需要紧密结合产业需求，设计与行业相关的课程内容，包括实践性强的课程和项目实训。采用灵活多样的教学方法，如案例分析、实验教学、实习等，以培养学生的实际操作和问题解决能力。在高校应用型人才培养模式中，课程设置和教学方法的设计是至关重要的。以下是一些常见的课程设置教学方法，如图3-1所示。

---

① 康胜. 地方高校应用型人才培养策略初探 [J]. 山西青年, 2019（24）：50.

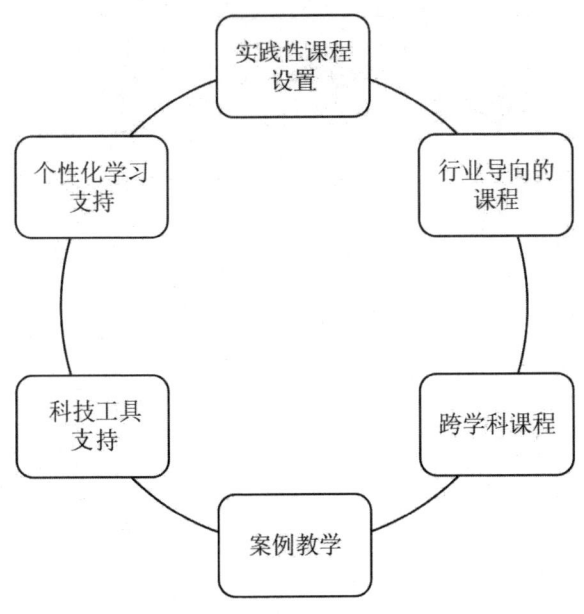

图 3-1 课程设置的教学方法

（一）实践性课程设置

应用型人才培养模式强调实践能力的培养，因此课程设置应包括丰富的实践性课程，这些课程可以包括实习、实训、实验课、项目课等，让学生通过实际操作和实践项目的参与，锻炼解决问题和应用知识的能力。

实践性课程的设置是高校应用型人才培养模式中至关重要的一部分。这些课程旨在帮助学生将所学知识与实际应用相结合，培养他们在工作环境中所需的实践能力和技能。以下是一些常见的实践性课程设置的分类，如图 3-2 所示。

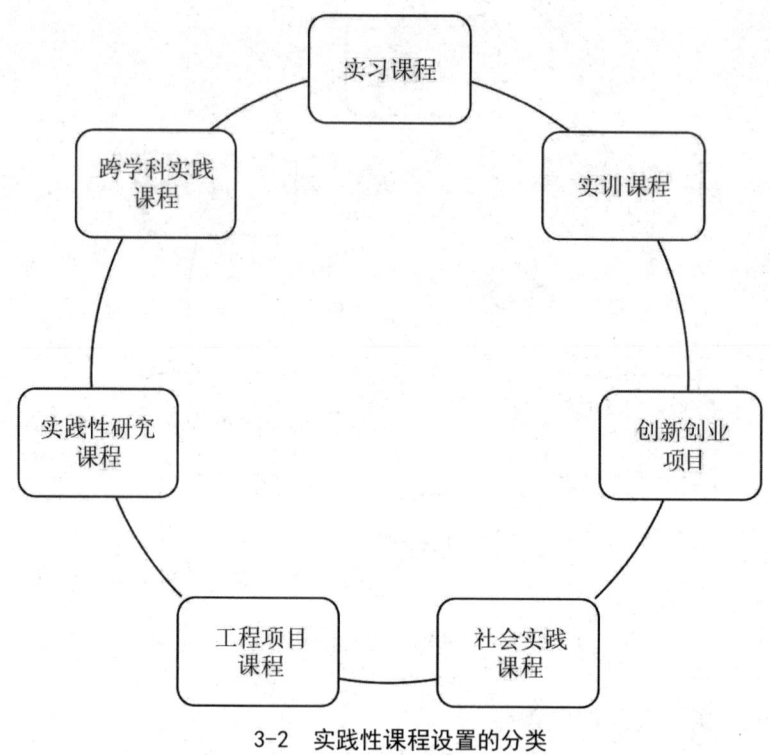

3-2　实践性课程设置的分类

1. 实习课程

实习课程为学生提供在相关行业或组织中进行实习的机会。实习课程是高校应用型人才培养模式中的重要组成部分，为学生提供在相关行业或组织中进行实习的机会。通过实际工作经验，学生能够深入了解行业实践和工作环境，培养实际操作和问题解决能力。

（1）实习课程的重要性不可忽视。通过实习，学生可以将课堂学习与实际工作相结合，加深对所学知识的理解和应用。实习提供了学生与专业实践紧密结合的机会，让他们亲身体验行业的工作方式、业务流程和职业要求。通过参与实习，学生能够掌握实际操作技能，了解职业规范和职场文化，培养解决问题和适应变化的能力。实习还有助于学生建立职业网络和社会关系，为未来的就业提供宝贵资源和机会。

（2）在实习课程的实施过程中，需要有明确的目标和规划。首先，高校应与相关行业或组织建立合作关系，寻找实习机会并确定实习岗位。合作伙伴可以是各行业的企业、机构、研究机构或社会组织，以确保学生能够接触到真实的工作环境和项目。其次，高校应制定实习计划和课程安排，明确实习的时间、内容和学生的学习目标。实习课程可以安排为一学期或更长时间，根据专业要求和学生需求确定实习的具体要求和学习内容。

（3）实习课程的具体形式可以有多种。一种常见的方式是全日制实习，学生在一段时间内全职参与实习工作，这种形式适合于学生有足够时间和资源全身心地投入实习。另一种方式是兼职实习，学生在学习期间以兼职的形式参与实习工作这种方式可以让学生在学习和实习之间找到平衡，更好地结合理论和实践。此外，还可以采用轮岗制度，让学生在不同部门或岗位之间轮换实习，拓宽他们的工作经验和视野。

（4）实习课程的实施需要有专门的指导和管理机制。高校应派出教师或专业导师担任学生的实习指导教师，负责指导学生的实习工作、解答问题、提供反馈和评价。导师可以定期与学生进行面谈，了解他们的实习进展和困难，并提供指导和支持。此外，高校高校还可以组织实习报告或汇报会，让学生分享实习经验和成果，促进学生之间的交流和学习。

（5）实习对学生的影响是多方面的。首先，实习可以提升学生的就业竞争力。通过实习，学生能够积累实际工作经验，拓宽自己的职业视野，提升自己在求职市场的竞争力。许多雇主更倾向于雇佣有实习经验的毕业生，因为他们具备实际操作能力和职场素养。其次，实习可以帮助学生确认自己的职业兴趣和发展方向。通过实习，学生可以亲身体验不同职业领域的工作，了解自己的兴趣和潜力，为将来的职业规划提供参考。实习还可以培养学生的职业素养，如沟通能力、团队合作能力、问题解决能力和自我管理能力。

需要注意的是，实习也面临一些着挑战和问题。首先，实习机会的不均衡是一个普遍存在的问题。一些学生可能由于资源和机会的限制而无法获得理想的实习岗位。因此，高校应该加强与企业和社会组织的合作，拓宽实习资源，提供更多实习机会。其次，实习期间可能出现学生与导师或同事之间的沟通和冲突问题。高校应加强对学生的辅导和指导，帮助他们解决实习中的问题，提高实习的质量。

综上所述，实习课程为学生提供了与实际工作环境接触的机会，培养了他们的实际操作和问题解决能力。通过实习，学生可以将所学知识应用于实际，并与专业实践相结合。实习对学生的就业竞争力、职业兴趣和职业素养的培养都有积极影响。因此，高校应该加强与行业合作，积极推进实习课程的实施，为学生提供更多的实习机会，并建立有效的指导和管理机制，确保实习的质量和效果。

2. 实训课程

实训课程可以通过模拟实际工作场景或使用专门的实训设施，让学生进行实践操作和技能训练。实训课程是高校应用型人才培养模式中的重要组成部分。通过模拟实际工作场景或使用专门的实训设施，实训课程旨在让学生进行实践操作和技能训练，以提升他们在职业领域中的实际能力。

（1）实训课程的重要性不可忽视。通过实践操作和技能训练，学生可以将课堂学习与实际工作相结合，巩固和应用所学知识。实训课程提供了一个安全和受控的环境，让学生能够模拟真实的工作场景，并进行实际的操作和应用。通过实训，学生能够熟悉和掌握相关工具、设备和技术，提升实际操作能力和问题解决能力。实训还有助于培养学生的团队合作精神、沟通能力和工作效率，为将来的职业发展奠定坚实基础。

（2）实训课程的实施方式可以多样化。一种常见的方式是设立实验室实训课程。例如，针对工程类专业的学生，实验室实训课程可以提供一系列设备和实验仪器，让学生进行设备操作和工程实践，如在电子工程专业中，学生可以进行电路设计、焊接和测试等实际操作；在机械工程专业中，学生可以进行机械零件加工和装配等实际操作。通过实验室实训，学生可以学习和掌握专业所需的技能和技术，并了解实际工作中的挑战和要求。

（3）实训课程还可以通过模拟工作场景来进行。例如，在管理专业中，可以模拟企业的运营和管理环境，让学生扮演不同职位的角色，进行实际的管理决策和问题解决，这种模拟实训可以让学生更好地理解管理理论，并培养他们在实际工作中的管理能力。此外，对于医学、护理等临床类专业，可以设置模拟病房或实际病例训练，让学生进行实际的医疗操作和护理技能训练。

（4）在实训课程的实施过程中，需要有合适的设施和设备支持。高校应投入必要的资源，建立和维护实训设施，提供先进的工具、设备和技术支持。实训设施应符合行业标准和实际需求，能够模拟真实的工作场景和操作要求。此外，高校应配备专业的实训教师或指导员，负责指导学生的实践操作和技能训练，提供必要的指导和支持。教师应具备相关专业知识和丰富的实际工作经验，能够将理论知识与实际操作相结合，培养学生的实际能力。

（5）实训课程对学生的影响是深远的。实训课程能够提升学生的实际操作能力。通过实际操作和技能训练，学生可以巩固所学的理论知识，并将其应用于实际工作中，提高他们的工作效率和质量。实训课程还能够培养学生的问题解决能力。在实践操作过程中，学生可能面临各种问题和挑战，需要通过思考和实践找到解决办法。这种问题解决过程能够培养学生的分析思维、创新能力和逻辑推理能力。

（6）实训课程还可以提高学生的团队合作能力和沟通能力。在实际工作中，往往需要与他人合作完成任务，需要良好的团队合作和沟通技巧。实训课程可以通过团队项目或任务，让学生在团队中协作工作，学会倾听、沟通和协调，培养团队合作精神和领导能力。实训课程还可以提升学生的职业素养和自我管理能力。学生在实践操作过程中需要遵守职业道德和规范，保持专业素养和职业形象，同时需要合理安排时间和资源，管理好自己的学习和工作。

需要注意的是，实训课程也面临着一些挑战和问题。实训设施和设备的建设和维护需要大量的投入。高校需要投入资金和资源来建设和更新实训设施，保证设施的安全和正常运行。实训教师的素质和能力也是一个重要的因素。教师应具备相关专业知识和丰富的实际工作经验，能够将理论与实践相结合，提供有效的指导和支持。高校需要加强教师的培训和提升，提高他们的教学水平和实践能力。

综上所述，实训课程是高校应用型人才培养模式中的重要环节，通过模拟实际工作场景或使用专门的实训设施，让学生进行实践操作和技能训练。高校应投入必要的资源和支持，建立和维护适合的实训设施，并配备专业的实训教师，确保实训课程的有效实施和学生的实际能力提升。实训课程的意义和影响将为学生的职业发展和社会应用奠定坚实基础。

3. 创新创业项目

通过开展创新创业项目，鼓励学生发展创新思维和实践能力。学生可以组成团队，提出创意并实施创业项目，从而锻炼团队合作、商业计划编制和市场营销能力。创新创业项目是高校应用型人才培养模式中的重要组成部分。

（1）创新创业项目的重要性不可忽视。随着社会的发展和变革，创新和创业成为推动经济增长和社会进步的关键因素。高校应用型人才的培养应紧跟时代的发展潮流，通过创新创业项目培养学生的创新思维和实践能力，使其具备创业和创新的素质。创新创业项目提供了一个实践平台，让学生能够实际参与到创新和创业的过程中，锻炼他们的创业意识、创新能力和团队合作精神。

（2）创新创业项目的实施方式可以多样化。一种常见的方式是学生团队的创业实践。学生可以组成团队，提出创意并实施创业项目。团队成员可以来自不同专业背景，各自发挥优势，共同合作完成创业项目的各个环节。例如，团队成员可以负责市场调研、商业计划编制、产品设计与开发、市场推广等不同方面的工作。通过团队合作，学生可以学会沟通与协调，提高团队合作和领导能力。同时，他们还可以了解和应对创业过程中的各种挑战和问题，培养解决问题的能力和创新思维。

（3）高校可以组织创业竞赛和创业训练营等活动，为学生提供更多的创新创业机会。创业竞赛可以激发学生的创新潜力和竞争意识，让他们通过与其他团队的比拼，展示自己的创意和项目。创业训练营可以为学生提供系统的创业培训和指导，让他们深入了解创业过程中的各个环节，从而更好地准备和规划自己的创业项目。这些活动不仅提供了实践的机会，还能够建立创业网络和资源，为学生的创业之路提供支持和帮助。

（4）创新创业项目对学生的影响是多方面的。首先，创新创业项目能够培养学生的创新思维和实践能力。学生在实施创业项目的过程中，需要提出创意并将其转化为切实可行的商业项目，这个过程需要学生具备敏锐的洞察力和创新思维，能够发现问题并提出解决方案。同时，学生需要将创意付诸实践，通过市场调研、商业计划编制、产品设计与开发等环节，逐步实现创业目标。

（5）创新创业项目能够提升学生的团队合作和沟通能力。在创新创业项目中，团队成员需要密切合作，共同完成项目的各个环节。团队合作需要学生具备良好的沟通与协调能力，能够与他人有效地合作和交流。通过创新创业项目，学生可以学会倾听、理解和表达，培养良好的团队合作精神和沟通技巧，这对于将来的职业发展和工作中的团队合作具有重要意义。

（6）创新创业项目还能够培养学生的商业意识和市场营销能力。在创业过程中，学生需要进行市场调研、制定商业计划、推广产品等，这些都需要学生具备一定的商业意识和市场营销知识。通过创新创业项目，学生可以学习和掌握市场营销的基本理论和实践技巧，了解市场需求和竞争状况，培养市场分析和营销策略制定能力。这对于学生将来从事创业或相关行业具有重要的指导作用。

需要注意的是，创新创业项目也面临一些着挑战和问题。例如，创新创业项目需要学生具备创新思维和实践能力，而这些能力需要较长时间的培养和积累。学生还需要面对创业过程中的各种挑战和风险，包括市场竞争、资金筹集、团队管理等方面。高校应为学生提供相应的支持和指导，帮助他们应对这些挑战。

综上所述，创新创业项目是高校应用型人才培养模式中的重要组成部分。通过开展创新创业项目，学生被鼓励发展创新思维和实践能力，同时培养团队合作、商业计划编制和市场营销能力。高校应该在课程设置和教学方法上注重培养学生的创新思维和实践能力，同时提供相应的支持和指导，帮助学生克服挑战，取得创新创业的成功。

4. 社会实践课程

社会实践课程是高校应用型人才培养模式中的重要组成部分。通过安排学生参与社区服务、公益活动或社会调研等实践项目，这门课程旨在让学生深入了解社会问题和挑战，培养他们的社会责任感和跨文化交流能力。

（1）社会实践课程的重要性不可忽视。随着社会的发展和变革，社会问题和挑战日益突出，高校应用型人才的培养应紧跟时代的发展潮流，通过社会实践课程让学生亲身参与社会实践活动，了解社会问题的真实情况，培养他们的社会责任感和使命感。通过社会实践课程，学生能够认识到自己作为一名公民的责任和义务，培养积极参与社会发展和改善的意识。

（2）社会实践课程的实施方式可以多样化。其中，一种常见的方式是安排学生参与社区服务和公益活动。学生可以通过志愿者组织或学校组织的社区服务项目，参与到社区建设和公益活动中，为社会作出贡献。例如，学生可以参与环保活动、义务教育支教、扶贫帮困等活动，亲身感受社会问题和挑战，同时为社会发展贡献自己的力量。通过社区服务和公益活动，学生能够培养自己的团队合作能力、组织协调能力和领导能力，同时提高他们的社会责任感和关爱他人的意识。另一种方式是安排学生进行社会调研。社会调研可以让学生深入了解社会问题和挑战的根源和影响因素。学生可以选择一个特定的社会议题，进行调研和分析，并撰写相关报告或提出解决方案。例如，学生可以选择调研某个地区的贫困问题，了解其原因和影响，并提出相应的对策。通过社会调研，学生能够提高自己的调研和分析能力，培养解决问题的能力和创新思维。社会调研还可以促使学生与不同背景和文化的人群接触，培养他们的跨文化交流能力和全球意识。

（3）社会实践课程对学生的影响是多方面的。社会实践课程能够提高学生的社会责任感。通过亲身参与社会实践活动，学生能够深入了解社会问题和挑战，意识到自己作为一名公民的责任和义务。他们会逐渐意识到个人行为的影响和社会责任的重要性，从而更加积极地参与社会事务和公益活动，为社会的发展和改善贡献力量。社会实践课程还能够培养学生的跨文化交流能力。在社会实践活动中，学生往往会与不同背景、不同文化的人群进行交流和合作。这种跨文化的交流能够拓宽学生的视野，增强他们的文化包容性和理解力。通过与他人的交流，学生能够更好地理解和尊重不同文化的差异，培养跨文化交流和合作的能力，这对于今后的国际交往和跨国企业的发展具有重要意义。

（4）社会实践课程还可以提高学生的综合素养和实践能力。社会实践活动往往涉及多个领域和多种技能，学生需要在实践中运用各种知识和技能，解决实际问题。通过参与社会实践课程，学生能够提高自己的综合素养，包括问题解决能力、创新思维、组织协调能力等。社会实践活动还能够提供实践平台，让学生将在课堂上学到的知识和理论应用到实际中去，加深对知识的理解和运用能力。

需要注意的是，社会实践课程也面临一些着挑战和问题。实践项目的策划和组织需要耗费一定的时间和精力。高校应该充分重视社会实践课程的策划和组织工作，确保实践项目的质量和效果。学校还应该与相关社区组织、公益机构等建立紧密的合作关系，提供支持和资源，促进社会实践课程的顺利进行。社会实践课程的评价和反馈机制也需要进一步完善。高校应该建立有效的评价体系，对学生的社会实践活动进行评估和反馈，帮助学生发现自身的不足和改进的方向。评价体系应该综合考虑学生的实际表现、社会贡献和个人成长，以鼓励学生积极参与社会实践活动。

综上所述，社会实践课程在高校应用型人才培养模式中具有重要意义。社会实践课程能够提高学生的社会责任感，培养他们积极参与社会事务的意识。同时，社会实践课程还能够培养学生的跨文化交流能力，提高他们的综合素养和实践能力。然而，社会实践课程的实施仍面临着一些挑战，需要高校加强策划组织、评价反馈等方面的工作。通过不断优化和完善社会实践课程，高校能够更好地培养应用型人才，为社会发展和进步作出贡献。

5. 工程项目课程

工程项目课程是高校应用型人才培养模式中的重要组成部分，旨在面向工程类专业的学生组织实际的工程项目，让他们在实践中学习和应用工程知识和技能，解决实际工程问题。

（1）工程项目课程的意义不可忽视。在传统的理论课堂教学中，学生主要通过听讲和阅读教材来获得知识。然而，对于工程类专业的学生来说，单纯的理论知识远远不足以应对复杂的实际工程问题。因此，工程项目课程的开设为学生提供了一个更加贴近实际的学习平台。通过参与工程项目，学生可以深入了解工程实践的各个方面，从而提高他们的实际操作能力、问题解决能力和团队协作能力。

（2）工程项目课程的实施方式可以多样化。一种常见的方式是将学生组成小组，负责实际的工程项目。学生可以根据课程的要求选择一个具体的工程项目，如建筑设计、电子电路设计、机械制造等，然后在指导教师的帮助下，分工合作、实施项目。通过实际的工程项目，学生能够将课堂上学到的知识应用到实际中去，提高他们的工程实践能力。另一种方式是与工程企业或机构合作，让学生参与真实的工程项目。学校可以与工程企业或机构建立合作关系，为学生提供参与工程项目的机会。学生可以在企业或机构的指导下，参与实际的工程项目，并承担一定的工程任务。通过与工程实践者的交流和合作，学生能够深入了解工程项目的具体要求和实施过程，同时获得实践经验和指导，提高他们的工程实践能力和专业素养。

（3）工程项目课程对学生的影响是多方面的。工程项目课程能够提高学生的实际操作能力。在实际的工程项目中，学生需要运用所学的工程知识和技能，进行设计、实施、测试和评估等一系列操作。通过反复的实践，学生能够熟悉和掌握各种工程操作方法和工具，培养他们的实际操作能力。工程项目课程还能够培养学生的问题解决能力。在实际的工程项目中，学生往往会面临各种问题和挑战，如设计缺陷、材料选择、成本控制等。通过解决这些实际问题，学生需要运用所学的知识和技能，分析问题的原因，提出解决方案，并进行实施和评估。这个过程不仅能够提高学生的问题解决能力，还能够培养他们的创新思维和批判性思维。

（4）工程项目课程还能够促进学生的团队协作能力和沟通能力。在实际的工程项目中，学生通常需要组成小组，共同完成项目任务。在团队合作的过程中，学生需要相互协作、分工合作、沟通协调，以实现项目目标。通过与团队成员的交流和合作,学生能够锻炼团队协作能力、领导能力和沟通能力,从而更好地适应未来的工作环境和职业要求。

除了对学生的个人发展有积极的影响之外,工程项目课程还对学校和社会产生积极的影响。通过与企业或机构合作,学校能够建立与实际工程项目相关的合作关系,提升学校的社会影响力和声誉。同时,工程项目课程也能够促进学校与企业或机构之间的交流与合作,为学校的科研和产学研结合提供更多的机会。

综上所述,工程项目课程在高校应用型人才培养模式中具有重要意义。工程项目课程能够对学校和社会产生积极的影响,通过不断优化和完善工程项目课程的实施方式,高校能够更好地培养应用型工程人才,为社会的发展和进步作出贡献。

6. 实践性研究课程

实践性研究课程是一种重要的教育模式,旨在培养学生的实践能力和科学研究技巧,该课程通过鼓励学生积极参与实际调研、数据收集和分析等活动,使他们能够学习并应用科学研究的方法和技巧,从而解决现实生活中的问题。

随着社会的发展和进步,知识经济的崛起以及科技创新的不断推进,对于具备实践能力和科学研究技巧的人才需求越来越高。传统的理论教学已经不能完全满足这一需求,因此实践性研究课程应运而生,这种课程的特点是贴近实际、注重动手操作和实践经验的积累,通过真实的项目和情境,让学生在实践中学习,提高他们的问题解决能力和创新思维。

实践性研究课程的核心目标是使学生能够将所学的理论知识应用到实际问题的解决上。学生将在课程中参与到各种实践性研究项目中,这些项目可以是学校组织的,也可以是与行业合作的。学生们将亲身参与到项目的各个环节中,从问题定义、研究设计、数据采集、数据分析到结果呈现等,全方位地感受和体验科学研究的全过程。

在实践性研究课程中,学生们将学习如何进行科学研究,包括问题提出与定义、文献综述、假设与研究目的的设定、研究设计与方法的选择等。他们将学会如何制定科学的实验计划和数据采集方案,选择合适的研究方法和工具,并且学习如何有效地收集、整理和分析数据。这将培养学生的实践操作能力、数据处理技能和科学思维能力。

在实践性研究课程中,学生们将有机会运用所学的研究方法和技巧解决实际问题。通过与真实情境的接触，他们将面临各种挑战和困难，需要动用自己的智慧和创造力去寻找解决方案。在这个过程中，学生们将锻炼自己的问题解决能力、团队协作能力和创新能力，培养他们在实践中运用所学知识解决问题的能力。

实践性研究课程的另一个重要特点是培养学生的实践经验。通过参与实际项目，学生们能够亲身体验职业领域的工作方式和要求，了解行业的实际情况和挑战。这将帮助他们更好地适应未来的职业生涯，并为他们的就业增添竞争力。此外，实践性研究课程还鼓励学生进行创新和原创性研究。学生们将有机会提出自己的研究问题并进行探索，尝试提出新的解决方案或改进现有方案，这种创新性的研究能力培养将对学生的未来发展和职业成就产生重要影响。

综上所述，实践性研究课程不仅能够培养学生的实践能力和科学研究技巧，还能够提高他们的问题解决能力、创新能力和团队协作能力。通过实践性研究课程的学习，学生们将更好地适应职业发展的需要，为未来的职业道路打下坚实的基础。

7. 跨学科实践课程

跨学科实践课程在高校应用型人才培养模式中扮演着重要角色。通过跨学科的实践项目，学生能够跨越学科边界，合作解决复杂问题。这种课程设计的目的是培养学生的综合能力和跨学科思维，使他们能够应对现实世界中的复杂挑战，并提供创新解决方案。

（1）跨学科实践课程的意义不容忽视。在传统的学科教育中，学生通常被限定在特定的学科领域内，缺乏对其他学科的了解和应用能力。然而，现实世界中的问题往往是复杂而多样化的，需要综合不同学科的知识和技能进行解决。跨学科实践课程的开设为学生提供了一个跨越学科边界的平台，使他们能够学习和应用多个学科领域的知识和技能，从而更好地解决现实世界中的复杂问题。

（2）跨学科实践课程的实施方式可以多样化。一种常见的方式是将来自不同学科背景的学生组成团队，共同参与实践项目。例如，可以将工程、设计和商业学科的学生组成团队，共同开发新产品或解决市场挑战。在这个过程中，学生需要充分利用各自的专业知识和技能，进行合作、协商和决策，从而实现项目的目标。通过跨学科团队合作，学生能够拓宽视野，增强问题解决的能力，并培养创新思维和团队协作能力。另一种方式是开设跨学科实践课程，融合多个学科的知识和技能。这种课程设计通常以实际问题或项目为基础，要求学生在跨学科的背景下进行研究、分析和解决问题。课程可以组织学生参与实践项目，如社会调研、市场分析、产品设计等，要求学生综合运用多个学科领域的知识和技能，提出解决方案并进行实施。通过这种方式，学生能够全面了解和应用不同学科的知识，培养跨学科思维和解决问题的能力。

（3）跨学科实践课程对学生的影响是多方面的。跨学科实践课程能够培养学生的综合能力。通过跨学科的实践项目，学生需要整合不同学科的知识和技能，从而提高他们的综合分析能力、创新能力和综合解决问题的能力。跨学科实践课程还能够培养学生的跨学科思维，使他们能够看到问题的多个角度，从而提供更全面、创新的解决方案。跨学科实践课程还能够促进学生的团队合作和沟通能力。由于跨学科实践课程通常要求学生组成跨学科的团队，合作解决问题，因此学生需要进行有效的团队沟通、协商和合作。

（4）跨学科实践课程还能够培养学生的创新能力和创业精神。在实践项目中，学生需要面对复杂的问题和挑战，需要提出创新的解决方案。通过与不同学科背景的学生合作，学生能够获得不同的思维方式和观点，激发创新思维。跨学科实践课程还可以为学生提供创业的机会和平台，鼓励他们将创新的想法转化为实际的商业项目。

综上所述，跨学科实践课程能够培养学生的综合能力、跨学科思维、团队合作能力和创新能力。跨学科实践课程对学校和社会也产生积极影响，促进学校与企业或机构的合作与交流，为社会的发展和创新提供人才支持。通过不断完善跨学科实践课程的实施方式，高校能够更好地培养跨学科人才，推动教育的创新和发展。

（二）行业导向的课程

课程设置应与行业需求和发展趋势相结合。通过与企业合作，了解行业的最新发展，针对行业需求设置相关课程。这样可以使学生的专业知识与实际工作紧密结合，增强他们的就业竞争力。行业导向的课程是为了培养学生在特定行业或领域中所需的知识和技能而设计的课程，这些课程旨在使学生能够适应行业的需求，具备相关专业知识和实践技能，以便在工作岗位上取得成功。行业导向的课程可以涵盖各个领域，以下是一些常见的行业导向课程：

1. 信息技术行业导向课程

随着信息技术的迅猛发展，对于具备相关专业知识和技能的人才需求也日益增加。

（1）信息技术行业导向课程的意义不言而喻。随着信息技术的广泛应用，各个行业对于信息技术人才的需求日益增加。信息技术行业导向课程的开设可以满足行业对于专业人才的需求，培养学生在信息技术领域的专业知识和技能，提升他们在就业市场上的竞争力。信息技术行业导向课程还能够帮助学生了解信息技术行业的发展趋势和前沿技术，为他们未来的职业规划和发展提供指导。

（2）信息技术行业导向课程的内容设置应该与行业需求相匹配。计算机科学、软件工程、网络安全等方面的课程是信息技术行业中最为重要和基础的领域。因此，信息技术行业导向课程应该包括这些方面的知识和技能。例如，计算机科学课程可以涵盖计算机体系结构、算法与数据结构、编程语言等内容；软件工程课程可以涵盖软件开发流程、需求工程、软件测试等内容；网络安全课程可以涵盖网络攻防、信息安全管理、密码学等内容。通过这些课程的学习，学生可以获得系统的信息技术知识和实践技能，为未来在信息技术行业中的就业和发展打下坚实的基础。

（3）信息技术行业导向课程还应该注重实践教学和项目实践。信息技术是一门实践性很强的学科，仅仅掌握理论知识是远远不够的。因此，信息技术行业导向课程应该通过实践教学和项目实践，使学生能够将所学的知识和技能应用于实际问题的解决。例如，可以组织学生参与软件开发项目，让他们亲自实践软件工程的各个环节；可以组织学生进行网络安全实验，让他们学习和应用网络攻防的技术。通过实践教学和项目实践，学生可以加深对于信息技术的理解和应用，培养解决实际问题的能力和实践经验。

（4）信息技术行业导向课程还应该与行业企业进行紧密合作。与企业的合作可以为课程的设计和实施提供实际案例和资源支持。例如，可以邀请行业企业的专业人士来担任客座教授，为学生讲授最新的行业动态和实践经验；可以与企业合作开展项目实践，让学生直接参与实际的项目开发或解决方案的设计。与企业的合作不仅可以提升课程的实践性和质量，还可以促进学生与行业企业的互动和交流，增加他们对于行业的了解和就业机会。

（5）信息技术行业导向课程对学生的影响是多方面的。信息技术行业导向课程能够培养学生在信息技术领域的专业知识和技能。通过系统的课程学习，学生可以掌握计算机科学、软件工程、网络安全等方面的核心知识和技能，具备在信息技术行业中从事相关工作的基础能力。信息技术行业导向课程还能够提升学生的解决问题的能力。信息技术行业常常面临复杂和多变的问题，学生通过课程的学习和实践，可以培养分析问题、提出解决方案的能力，从而更好地应对行业的挑战。信息技术行业导向课程还能够培养学生的创新能力和创业精神。信息技术行业是创新驱动的行业，学生在课程中接触到最新的技术和发展趋势，有机会提出创新的想法，并将其转化为实际的产品或服务。

综上所述，信息技术行业导向课程在高校应用型人才培养模式中具有重要意义。通过这样的课程设计，学生可以获得在信息技术领域的专业知识和技能，提升他们的竞争力和就业能力。信息技术行业导向课程应该注重内容的设置与行业需求的匹配，注重实践教学和项目实践的开展，以及与行业企业的紧密合作。通过这些举措，可以更好地培养适应信息技术行业发展的应用型人才，为行业的发展和创新提供有力的支持。

2. 金融行业导向课程

金融行业导向课程在高校应用型人才培养模式中具有重要的地位和作用。随着金融行业的不断发展和全球化程度的提高，对于具备金融专业知识和技能的人才的需求也日益增加。金融行业导向课程旨在培养学生在金融领域从事相关职业所需的知识和技能，使他们具备满足行业需求的能力和竞争力。

（1）金融行业导向课程的意义不言而喻。金融行业作为经济的重要支柱之一，在促进经济增长、资源配置和风险管理方面发挥着重要的作用。随着金融行业的快速发展，对于金融人才的需求也日益增加。金融行业导向课程的开设可以满足行业对于专业人才的需求，培养学生在金融领域从事相关职业所需的知识和技能，提升他们在就业市场上的竞争力。金融行业导向课程还能够帮助学生了解金融行业的发展趋势和最新的金融产品、工具和技术，为他们未来的职业规划和发展提供指导。

（2）金融行业导向课程的内容设置应该与行业需求相匹配。会计、金融管理、投资分析等方面的课程是金融行业中最为重要和基础的领域。因此，金融行业导向课程应该包括这些方面的知识和技能。例如，会计课程可以涵盖会计原理、财务报表分析、成本管理等内容；金融管理课程可以涵盖金融机构管理、资本运作、风险管理等内容；投资分析课程可以涵盖证券分析、投资组合管理、资产定价等内容。通过这些课程的学习，学生可以获得系统的金融知识和实践技能，为未来在金融行业中的就业和发展打下坚实的基础。

（3）金融行业导向课程还应该注重实践教学和案例分析。金融是一门实践性很强的学科，学生需要通过实践和案例来加深对于金融理论的理解和应用。因此，金融行业导向课程可以设置实践性课程或开展实践项目，让学生亲自参与金融实践活动，如模拟证券交易、投资决策模拟、财务报表分析等。通过实践教学，学生可以将所学的金融知识应用到实际问题中，培养解决问题的能力和实践经验。金融行业导向课程还可以通过案例分析的方式，让学生深入研究真实的金融案例，分析案例中的问题和挑战，并提出解决方案。通过案例分析，学生可以培养分析问题、综合运用金融知识的能力。除了课程内容的设置，金融行业导向课程还应该与行业企业进行紧密合作。与行业企业的合作可以为金融行业导向课程的实施提供实际案例和资源支持。

（4）金融行业导向课程对学生的影响是多方面的。金融行业导向课程能够培养学生在金融领域的专业知识和技能。通过系统的课程学习，学生可以掌握会计、金融管理、投资分析等方面的核心知识和技能，具备在金融行业中从事相关工作的基础能力。金融行业导向课程还能够提升学生的分析和决策能力。金融行业需要具备较强的分析和决策能力，学生通过课程的学习和实践，可以培养分析金融问题、制定决策方案的能力，从而更好地应对行业的挑战。此外，金融行业导向课程还能够培养学生的团队合作能力和沟通能力。金融行业往往需要团队合作，学生通过实践项目和案例分析，可以锻炼团队合作和沟通协作的能力，为未来在金融行业中的工作奠定基础。

综上所述，通过合理的内容设置、实践教学和与行业企业的合作，金融行业导向课程可以为学生提供全面的金融知识和实践技能，培养他们适应金融行业发展的能力和竞争力。同时，金融行业导向课程还能够促进学生的专业素养和综合能力的提升，为他们未来在金融行业中的发展和创新提供有力的支持。因此，高校应该重视金融行业导向课程的开设和实施，不断完善和改进课程体系，以满足金融行业对于应用型人才的需求。

3. 制造业行业导向课程

制造业行业导向课程是高校应用型人才培养模式中至关重要的一环，这些课程旨在培养学生在制造业领域从事相关职业所需的知识和技能，使他们具备全面的制造业素养和实践能力。这些课程包括工程学、生产管理和质量控制等方面的内容，涵盖了制造业的核心要素和关键技能，旨在为学生奠定坚实的理论基础和实践基础，使他们能够适应制造业的需求，应对复杂的制造业挑战。

（1）工程学是制造业行业导向课程的核心之一。工程学课程旨在培养学生在制造过程中的工程设计和工程管理能力。学生将学习工程设计的基本原理和方法，包括产品设计、工程制图和材料力学等内容。他们将掌握产品设计的核心要素，如功能、性能、可靠性和可制造性，以及工程制图的技能，能够理解和绘制工程图纸。工程学课程还将介绍材料力学的基本概念，使学生了解材料的性质、特点和选择，以便在制造过程中作出合理的材料选择。通过工程学课程的学习，学生将具备工程设计和工程管理的基本能力，能够在制造业中进行工程实践和技术创新。

（2）生产管理是制造业行业导向课程的另一个重要领域。生产管理课程旨在培养学生在制造过程中的生产计划与控制能力和供应链管理能力。学生将学习生产计划与控制的核心概念和方法，包括生产计划、排程和调度等内容。他们将了解如何合理安排生产资源，确保生产过程的高效运转和顺利交付。生产管理课程还将介绍供应链管理的基本原理和策略，包括供应商选择、库存管理和物流运输等方面的内容。学生将学习如何优化供应链中的各个环节，以提高生产效率、降低成本并确保产品质量。通过生产管理课程的学习，学生将具备生产计划与控制和供应链管理的核心能力，能够在制造业中进行生产管理和资源优化。

（3）质量控制也是制造业行业导向课程中不可或缺的一部分。质量控制课程旨在培养学生在制造过程中的质量管理能力和统计分析能力。学生将学习质量管理的基本概念和方法，包括质量管理体系、质量控制工具和技术等内容。他们将了解如何建立和维护质量管理体系，确保产品符合质量要求。质量控制课程还将介绍统计过程控制和六西格玛等质量管理工具和技术，使学生能够进行质量数据分析和问题解决。通过质量控制课程的学习，学生将具备质量管理和统计分析的基本能力，能够在制造过程中进行质量控制和质量改进。

项目实践可以组织学生参与真实的制造项目，通过团队合作解决实际的制造问题。这些实践活动将使学生从理论与实践相结合的角度全面了解制造业的要求和挑战，培养他们的创新能力、解决问题的能力和团队合作精神。此外，学生还可以通过参加企业实习和校企合作项目，了解制造业的最新发展动态，拓展职业发展的机会。

综上所述，制造业行业导向课程在高校应用型人才培养中具有重要意义。通过工程学、生产管理和质量控制等方面的课程，学生将培养相关领域的知识和技能，为将来在制造业领域从事相关职业打下坚实的基础。实践教学和项目实践将帮助学生将所学知识应用到实际情境中，培养他们的实践能力和团队合作精神。通过这些课程的学习和实践活动的参与，学生将能够适应制造业的发展需求，为制造业的发展和创新作出贡献。

4. 媒体与传媒行业导向课程

媒体与传媒行业导向课程在高校应用型人才培养中具有重要意义，这些课程包括新闻学、广告传媒、影视制作等方面的内容，旨在培养学生在媒体与传媒行业从事相关职业所需的专业知识和实践技能。通过这些课程的学习，学生将获得广泛的媒体素养、创意表达能力和实践技巧，为将来在媒体与传媒领域展开职业发展奠定坚实的基础。

（1）新闻学是媒体与传媒行业导向课程的核心之一。新闻学课程旨在培养学生对新闻业务的理解和应用能力，使他们能够从事新闻报道、采访和编辑等工作。学生将学习新闻报道的基本原则和技巧，包括新闻价值判断、采访技巧和新闻写作等内容。他们将了解新闻报道的伦理规范和法律要求，培养独立思考和批判性思维能力。新闻学课程还将介绍多媒体新闻报道和数据新闻的技术和方法，使学生能够灵活运用各种媒体形式进行新闻传播。通过新闻学课程的学习，学生将具备全面的新闻素养和新闻业务能力，能够在媒体与传媒行业中进行新闻报道和媒体创新。

（2）广告传媒是媒体与传媒行业导向课程的另一个重要领域。广告传媒课程旨在培养学生在广告策划和传媒管理方面的专业能力，使他们能够从事广告创意、媒介策划和广告营销等工作。学生将学习广告创意的基本原理和技巧，包括目标市场分析、品牌定位和创意设计等内容。他们将了解广告传媒的市场环境和行业趋势，熟悉各种广告媒体的特点和运用方法。广告传媒课程还将介绍广告管理和媒介计划的相关知识，使学生能够进行广告项目的管理和营销策略的制定。通过广告传媒课程的学习，学生将具备广告创意和传媒管理的综合能力，能够在广告行业中进行广告策划和市场推广。

（3）影视制作也是媒体与传媒行业导向课程中的重要组成部分。影视制作课程旨在培养学生在影视创作和制作方面的专业技能，使他们能够从事影视节目的策划、导演和后期制作等工作。学生将学习影视创作的基本原理和技巧，包括剧本创作、摄影技术和剪辑技术等内容。他们将了解影视制作的流程和规范，熟悉影视设备的使用和后期制作的技术方法。影视制作课程还将介绍影视市场和影视产业的发展趋势，使学生了解影视行业的商业模式和创新机遇。通过影视制作课程的学习，学生将具备影视创作和制作的综合能力，能够在影视行业中进行影视作品的创作和制作。

（4）除了核心课程，媒体与传媒行业导向课程还应包括实践教学和项目实践。实践教学可以为学生提供实践操作和实验室实习的机会，使他们能够将理论知识应用到媒体与传媒实践中。例如，学生可以参与新闻报道实践，进行采访和新闻写作；参与广告制作实践，进行创意设计和广告拍摄；参与影视制作实践，进行剧本创作和影视拍摄。项目实践可以组织学生参与真实的媒体项目，通过团队合作解决实际的媒体问题。例如，学生可以组成团队进行广告策划和制作，为实际客户提供广告服务；组成团队制作独立影视作品，参加电影节和比赛。

综上所述，媒体与传媒行业导向课程在高校应用型人才培养中起着重要的作用。通过这些课程和实践活动的综合培养，学生将具备在媒体与传媒行业中从事相关职业所需的专业知识和实践技能。

（三）跨学科课程

在当今高度竞争和日益复杂的社会背景下，高校教育的目标不仅仅是传授学科知识，更重要的是培养具备应用型能力和综合素质的人才。为了实现这一目标，越来越多的高校开始重视并引入跨学科课程，这些跨学科课程的设置旨在整合不同学科的知识和技能，促进学生的跨领域学习和交叉思维，从而培养他们解决复杂问题的能力。

传统的学科教育往往侧重于培养学生在某一特定领域的专业知识，然而，现实世界中的问题往往是多学科交叉的，需要综合运用各个学科的知识和技能才能找到有效解决方案。因此，跨学科课程的引入有助于打破学科之间的壁垒，为学生提供跨越学科界限的学习机会。通过将不同学科的知识进行整合，学生可以全面理解问题，并从多个角度思考和解决问题，培养出色的解决复杂问题的能力。

高校应用型人才的跨学科课程设计可以包含多个学科领域，如自然科学、社会科学、人文艺术和工程技术等，这些课程通过跨学科知识的融合，鼓励学生探索不同学科之间的联系和交叉点。例如，一个跨学科课程可能将工程设计与环境科学结合起来，培养学生在解决环境问题时综合运用科学知识和工程技术的能力。通过这样的学习经历，学生可以培养综合思考和创新思维的能力，并将这些能力应用于实际问题的解决中。

高校应用型人才的跨学科课程的核心目标是培养学生的综合能力和创新思维。综合能力包括多学科知识的应用能力、信息获取和整合能力、团队合作和沟通能力等。通过跨学科课程的学习，学生可以接触到来自不同学科的知识和技能，从而在解决问题时能够更全面地分析和综合不同的观点和方法。同时，跨学科课程还能激发学生的创新思维。通过跨学科学习和交叉思考，学生被鼓励提出新颖的观点和解决方案，培养创造力和想象力，为未来的创新和发展做好准备。

除了提供学科知识和技能的整合，跨学科课程还能够激发学生的学习兴趣和动力。通过学习不同学科的知识和技能，学生能够更全面地了解世界的复杂性和多样性，拓宽自己的知识视野。这种全面性的学习体验将使学生更加主动地参与学习过程，提出问题、探索答案，并将所学的知识应用于实际情境中。

综上所述，通过整合不同学科的知识和技能，促进学生的跨领域学习和交叉思维，这些课程有助于培养学生解决复杂问题的能力，并提高他们的综合素质和竞争力。高校应该积极推动并支持跨学科课程的发展，为培养应用型人才作出积极贡献。

（四）案例教学

高校应用型人才培养中的案例教学是开启学生问题分析与解决的智慧之门。案例教学作为一种常用的教学方法，在高校应用型人才培养中扮演着重要角色，这种教学方法通过引入真实的案例分析和讨论，帮助学生深入了解实际问题和挑战，并为他们提供解决问题的思路和方法。案例教学不仅能够提升学生的问题分析和解决能力，还能培养其批判性思维、团队合作和沟通能力，使他们具备应对复杂现实问题的能力。

案例教学注重将学科理论与实际问题相结合。通过向学生提供真实的案例，教师能够让学生直接面对并理解现实世界中的复杂问题。学生在分析和讨论案例的过程中，将学科知识应用到实际情境中，从而培养他们将理论知识转化为解决问题的实际能力。这种实践性的学习体验能够激发学生的学习兴趣和动力，使他们更加主动地探索和学习。

案例教学的核心在于学生参与和互动。通过小组讨论、角色扮演和辩论等方式，学生能够分享自己的观点、交流思想，并从其他同学和教师的反馈中获得启发和改进。这种互动性的学习环境促进了学生的批判性思维和问题解决能力的培养。学生在与他人合作解决案例问题的过程中，不仅能够学会有效地沟通和合作，还能够从不同的观点和经验中获得启示，提高自己的解决问题的能力。

案例教学的另一个重要特点是培养学生的综合素质。在案例分析中，学生往往需要考虑众多因素，并综合运用各种知识和技能进行问题解决。这种综合性的学习体验有助于培养学生的综合能力，包括信息获取与整合能力、创新思维能力、批判性思维能力和跨学科合作能力等。学生通过案例教学，不仅能够拓宽自己的知识领域，还能够培养解决复杂问题的能力，提高自己的综合素质和竞争力。

案例教学还能够培养学生的实践能力和职业素养。通过分析真实的案例，学生能够更好地了解专业实践中的道德和伦理问题，学会权衡利弊、处理冲突和作出合适的决策。这种实践性的学习体验不仅能够让学生在学术层面上提升自己，还能够让他们为将来的职业生涯做好准备。

然而，要使案例教学取得最好的效果，需要教师在教学设计和引导过程中发挥关键作用。教师需要精心挑选和设计案例，确保案例的真实性和代表性，并根据学生的学科背景和能力水平进行适当的调整。教师还需要引导学生深入分析案例，激发他们的思考和讨论，并及时提供反馈和指导，帮助他们发展问题解决的能力。

综上所述，高校应用型人才培养中的案例教学是一种有效的教学方法。通过真实案例的引入，学生能够直面实际问题和挑战，培养问题分析和解决能力。高校应积极倡导和推广案例教学，在教学中开启学生问题分析与解决的智慧之门，为培养应用型人才作出积极贡献。

（五）科技工具支持

高校应用型人才培养中的科技工具支持因素是拓展学习资源与教学支持的无限可能。在当今数字化时代，科技工具和在线教育平台成为高校应用型人才培养的重要支持手段。通过借助科技工具和在线教育平台，学生可以获得更广泛的学习资源，教师可以提供更丰富的教学支持，从而推动学生的实践能力和远程协作能力的发展。

在科技工具支持中，一个重要的科技工具是虚拟实验室。传统的实验教学常常受到时间、空间和资源的限制，而虚拟实验室则能够提供更多实验资源和机会。通过虚拟实验室，学生可以进行模拟实验，探索各种科学现象和实验步骤，培养实践能力和科学思维。虚拟实验室还可以提供安全性和可重复性，让学生在没有实际实验条件的情况下进行实验探究，增强他们的实验技巧和分析能力。另一个重要的科技工具是在线模拟软件。通过在线模拟软件，学生可以模拟和探索各种实际场景和过程，进行计算、模型构建、数据分析等操作。这些模拟软件可以为学生提供实践机会，让他们在模拟环境中进行实际操作和决策，从而培养他们的解决问题和创新能力。在线模拟软件还可以提供实时反馈和评估，帮助学生及时了解自己的学习情况和进步方向。

远程教学平台也在高校应用型人才培养中发挥着重要作用。远程教学平台可以通过视频会议、在线讨论和协作工具等，实现学生和教师之间的实时交流和互动。通过远程教学平台，学生可以参与在线讲座、研讨会和团队项目，与来自世界各地的教师和学生进行合作和交流。这种远程协作的学习方式不仅拓宽了学生的学习视野，还培养了他们的跨文化沟通和团队合作能力，为未来的国际交流和职业发展奠定下坚实基础。

科技工具和在线教育平台的应用不仅丰富了学习资源，还提供了更灵活的学习方式。学生可以根据自己的学习进度和兴趣进行学习，随时随地获取学习材料和教学内容。教师也可以根据学生的特点和需求，灵活调整教学方法和策略，提供个性化的教学支持。这种个性化学习和教学的模式有助于激发学生的学习兴趣和动力，提高他们的学习效果和成绩。

然而，在应用科技工具和在线教育平台时，也面临着一些挑战和考验。其中之一是教师的教学设计和指导能力。教师需要了解并掌握科技工具的使用方法和特点，将其有效融入教学过程中，确保教学的有效性和质量。另一个挑战是技术设备和网络的支持。学校需要提供先进的设备和稳定的网络环境，以保证师生能够顺利进行在线学习和教学。

综上所述，高校应用型人才培养中的科技工具支持为学生提供了更多的学习资源和教学支持。通过虚拟实验室、在线模拟软件和远程教学平台等科技工具的应用，学生能够增强实践能力和远程协作能力，培养解决问题和创新能力。科技工具的应用还能够拓展学习方式和提供个性化的学习和教学支持，激发学生的学习兴趣和动力。然而，在推广和应用科技工具时，需要解决教师的教学设计和指导能力以及技术设备和网络的支持问题，以实现科技工具在高校应用型人才培养中的最大价值。只有不断创新和提升科技工具的应用能力，才能更好地满足应用型人才培养的需求，为学生的成长和未来的发展打开更广阔的前景。

（六）个性化学习支持

高校应用型人才培养中的个性化学习支持：解锁学生潜能，引领个性化学习之路。在高等教育中，每个学生都有自己独特的学习风格、兴趣爱好和职业目标。为了满足学生的个性化需求，高校应用型人才培养中的个性化学习支持起到了重要的作用。通过个别辅导、学习计划制定、学业规划指导等方式，学生可以获得专门为他们设计的学习支持，帮助他们制定个性化的学习路径和职业规划，发挥出最大的潜能。

在个性化学习支持中，一项关键的个性化学习支持是个别辅导。个别辅导是一种一对一的教学方式，旨在根据学生的具体需求和学习情况，提供量身定制的指导和支持。通过个别辅导，教师可以深入了解学生的学习状况、学习困难和学术兴趣，帮助他们解决学习难题，拓展学习领域，激发他们的学习动力和兴趣。个别辅导还可以为学生提供更多的反馈和指导，帮助他们及时调整学习策略和提升学习效果。另一个重要的个性化学习支持是学习计划制定。每个学生都有不同的学习需求和目标，因此制定个性化的学习计划可以帮助他们更好地管理时间、合理安排学习任务。学习计划可以根据学生的学习目标、时间分配、优先级等因素进行制定，让学生清晰地知道自己要达到的目标和每个阶段的任务。教师和辅导员可以与学生合作，共同制定学习计划，并定期评估和调整计划，确保学生能够按照计划有序地进行学习，充分利用自己的时间和资源。

此外，学业规划指导也是个性化学习支持的重要组成部分。高校应用型人才培养的目标是培养具备专业知识和实践能力的人才，因此学业规划对于学生的职业发展至关重要。学业规划指导可以帮助学生了解不同的职业选择、就业市场需求和发展趋势，引导他们制定合理的职业目标和规划路径。通过与专业顾问、行业导师和校友等资源的互动，学生可以获取行业内部的信息和建议，了解不同领域的就业机会和发展要求，从而为自己的职业道路作出明智的决策。

个性化学习支持的重要性不仅在于满足学生的个性化需求，还在于激发学生的学习动力和潜能。通过个性化的学习支持，学生能够更好地发现自己的兴趣和优势，明确学习目标和职业方向，从而更加积极主动地参与学习过程。

学生的学习热情和主动性的提升将促进他们的成长和发展，并培养出具备创新思维、问题解决能力和适应变化的能力的应用型人才。

然而，在实施个性化学习支持时，也面临着一些挑战和困难。其中之一是师资和资源的匹配。个性化学习支持需要充分的师资力量和丰富的教学资源，以确保每位学生都能得到有效的支持和指导。另一个挑战是学生自身的主动性和学习能力。个性化学习支持需要学生具备自主学习的能力和积极参与的意识，才能真正实现个性化学习的效果。

综上所述，在实施个性化学习支持时，需要解决师资和资源的匹配问题以及学生自身的主动性和学习能力，以确保个性化学习支持的有效实施。只有通过不断改进和创新，提供更精准、个性化的学习支持，才能更好地满足应用型人才培养的需求，培养出具备综合素质和创新能力的优秀人才。

二、实践教学与实习实训

高校应用型人才的培养需要更加注重实践环节，为学生提供与产业接轨的实践机会，如企业实习、社会实践、科研项目等。通过实践教学和实习实训，学生能够将理论知识应用到实际情境中，培养实际操作和解决问题的能力，从而为他们未来的职业发展和社会成功奠定坚实的基础。

实践教学是高校应用型人才培养中不可或缺的一环。通过实践教学，学生有机会参与真实的项目和案例，通过实际操作和经验积累，将抽象的理论知识转化为具体的实践能力。实践教学强调学生的参与和实际操作，使他们能够更好地理解和掌握所学知识，并通过实际问题的解决，培养分析、判断和决策的能力。通过与实际情境的接触和互动，学生能够更好地适应未来工作的挑战和需求。另一个重要的实践环节是实习实训。通过与企业、社会机构或科研团队的合作，学生有机会在真实的工作场景中进行实习和实训。实习实训使学生能够亲身体验职业环境，了解行业运作和实际工作要求。在实习过程中，学生可以将所学的理论知识与实际工作相结合，应用解决问题的能力，培养团队合作和沟通协调的能力，同时也提升自己的职业素养和实践技能。实习实训为学生提供了宝贵的机会，帮助他们建立起职业人脉和工作经验，为未来的就业和职业发展奠定坚实的基础。

实践教学和实习实训的重要性不仅在于提供实际操作和解决问题的能力，还在于培养学生的创新思维和实践能力。通过实践，学生可以深入理解理论知识的应用场景和实际问题的复杂性，从而培养出解决问题、创新设计和持续学习的能力。实践教学和实习实训能够激发学生的学习兴趣和动力，促使他们积极主动地探索和实践，从而在实践中不断成长和进步。

然而，实践教学和实习实训也面临一些着挑战和困难。其中之一是与产业的对接。为了使实践教学和实习实训与产业接轨，高校需要积极与企业、社会机构和科研团队建立合作关系，搭建实习实训的平台和机制。这需要高校与企业之间的密切合作和沟通，以确定实践内容、制定实践计划和提供师资支持。另一个挑战是资源的充足与配置。实践教学和实习实训需要充足的实验设备、实践场地和指导师资，因此需要高校提供相应的资源支持，以确保实践教学和实习实训的质量和效果。

综上所述，高校应用型人才培养中的实践教学与实习实训是为了培养学生的实际操作能力和解决问题的能力而设计的重要环节。在实践教学和实习实训的实施中，需要克服与产业的对接和资源配置的挑战，以确保实践教学和实习实训的质量和效果。只有通过不断改进和创新，建立起高校与产业的紧密联系，提供充足的资源支持，才能更好地实现高校应用型人才培养的目标，培养出具有实际操作能力和创新精神的优秀人才。

三、导师指导与企业合作

高校应用型人才培养需要加强导师制度，为学生提供个性化的指导和辅导。导师可以是学校教师，也可以是来自产业界的专业人士。同时，高校可以与企业进行合作，建立校企合作基地、实验室等平台，让学生能够接触真实的工作环境和实际项目，提高实践能力。

（1）导师制度在高校应用型人才培养中具有重要的作用。导师可以是学校教师，他们在学术和专业领域具有丰富的知识和经验，能够为学生提供学科方面的指导和深入的学术讨论。同时，导师也可以是来自产业界的专业人士，他们具有实践经验和行业洞察力，能够向学生介绍行业动态和就业要求，帮助他们更好地适应职业发展的需求。

导师制度的核心是建立导师与学生之间的良好互动和沟通机制。导师应与学生建立密切的联系，了解学生的学习情况、职业规划和需求，提供个性化的指导和建议。导师可以通过定期的面谈、讨论会和在线交流等形式，与学生进行深入的交流和学术探讨。导师还可以帮助学生制定学习计划、解决学业和职业发展中遇到的问题，并向学生提供必要的资源支持。通过导师制度，学生可以得到更加个性化的学习指导，提高学习效果和发展潜力。

（2）与企业的合作是高校应用型人才培养中的另一个重要方面。通过与企业进行合作，高校可以建立校企合作基地、实验室等平台，为学生提供接触真实工作环境和实际项目的机会。在校企合作基地中，学生可以与企业员工进行深入互动，了解企业的运作和项目需求。学生还可以参与企业项目，通过实际工作和实践经验，提升自己的实践能力和职业素养。校企合作基地还可以提供一系列培训和实践机会，如企业导师指导、工作坊、实践讲座等，帮助学生更好地了解职业发展和行业趋势。

实验室是培养应用型人才的重要平台之一，在实验室中，学生可以进行科学实验、创新研究和技术开发等活动。实验室不仅提供了学生实践的场所，还提供了必要的实验设备和技术支持。通过参与实验室项目，学生可以学习和应用科学理论，培养实验设计、数据分析和解决问题的能力。实验室还为学生提供了与教师和研究人员合作的机会，促进学术交流和创新思维的培养。

除了校企合作基地和实验室，还可以借助现代科技工具和在线教育平台来支持学生的实践能力培养。虚拟实验室和在线模拟软件可以提供虚拟的实践环境，让学生进行虚拟实验和模拟实践。这些工具可以帮助学生熟悉实践操作流程、培养实际操作能力，并在安全控制的环境下进行实验和实践。远程教学平台可以为学生提供远程协作和实践机会，使他们能够与来自不同地区和背景的学生合作，共同完成项目和任务。这些科技工具和平台的应用可以扩展学生的实践范围，打破时空限制，提供更加灵活和多样化的实践教育方式。

然而，在加强导师制度和与企业合作的过程中，也存在一些挑战和困难。首先，建立起高效的导师制度需要学校提供相应的支持和资源。学校需要投入足够的人力和物力，培养和选拔优秀的导师，并建立起导师与学生之间的联系机制。其次，与企业的合作也需要高校与企业之间的密切合作和沟通。学校需要积极与企业建立合作关系，了解企业需求，为学生提供实践机会和职业指导。同时，学校还需要解决学生参与实践教育的积极性和主动性问题，鼓励学生积极参与实践活动，并加强实践教育与学校课程的有机融合。

综上所述，高校应用型人才培养需要加强导师制度和与企业的合作。导师制度能够为学生提供个性化的指导和辅导，帮助他们在学业和职业规划方面取得更好的成果。与企业的合作则可以提供真实的工作环境和实际项目，提高学生的实践能力和职业素养。然而，加强导师制度和与企业的合作也面临着一些挑战和困难，需要学校投入足够的资源和支持，并加强与企业之间的合作与沟通。只有通过不断的努力和创新，才能够建立起有效的导师制度和校企合作机制，为学生提供优质的个性化指导和实践机会，从而更好地培养出应用型人才。

四、跨学科与综合素质培养

高校应用型人才培养需要强调跨学科的知识结合和综合素质培养。通过跨学科的教学和研究，培养学生的综合能力和创新思维，使其具备多领域合作和解决问题的能力。

随着社会的不断发展和进步，对高校毕业生的要求也在不断提高。传统的学科专业已经不能满足现实社会对人才的需求，而跨学科的知识结合成为了培养应用型人才的重要途径之一。跨学科教学是指将不同学科的知识和技能进行整合，使学生能够从多个学科的角度去思考和解决问题。这种教学方式不仅能够帮助学生拓宽知识面，还能够培养学生的综合能力和创新思维。

第一，跨学科的教学能够帮助学生形成全局思维。传统的学科教育往往使学生陷入局部的知识体系中，难以看到问题的全貌和复杂性。而跨学科的教学可以打破学科之间的界限，让学生能够从多个学科的角度来理解和解决问题。例如，在解决环境问题时，需要综合考虑科学、经济、社会等多个学科的知识，才能找到可行的解决方案。通过跨学科的学习，学生可以培养出全局思维的能力，从而更好地应对复杂的现实问题。

第二，跨学科的教学有助于培养学生的综合能力。传统的学科教育往往将知识进行分割和细化，学生在学习过程中往往只注重学科知识本身，忽视了知识在实际应用中的综合能力。而跨学科的教学强调不同学科的交叉与融合，要求学生能够将各学科的知识和技能进行整合和应用。例如，在解决复杂的社会问题时，需要学生具备调研分析、数据处理、沟通协作等多种技能，这些技能往往涉及不同学科的知识。通过跨学科的教学，学生可以培养出综合运用知识的能力，提高解决问题的效果和质量。

第三，跨学科的教学能够培养学生的创新思维。现实社会对创新人才的需求越来越高，传统的学科教育往往使学生形成了固定的思维模式，缺乏创新的能力。而跨学科的教学可以打破传统的学科边界，为学生提供更多的思维刺激和创新机会。不同学科之间的交叉融合可以激发学生的创新潜能，培养他们的创新思维和创新能力。例如，在设计新产品时，需要学生将工程技术、市场营销、人机交互等多个学科的知识融合在一起，提出具有创新性的设计方案。通过跨学科的学习和实践，学生可以培养出跳出传统思维框架的能力，提高创新的水平和质量。

为了实现高校应用型人才的跨学科培养，需要从教学内容、教学方法和教师队伍等方面进行全面的改革和创新。首先，教学内容需要进行跨学科的整合和更新，将不同学科的知识进行有机结合，构建起跨学科的课程体系。这要求教师在课程设计和教学实施中具备跨学科的能力和素质，能够将多学科的知识融入教学中，并激发学生的兴趣和创造力。其次，教学方法需要更加注重学生的参与和主动性，引导学生进行自主学习和合作学习。例如，可以采用小组讨论、项目实践、案例分析等教学方法，激发学生的合作意识和创新思维。同时，教师也需要不断提升自身的跨学科能力，通过学术交流和研究合作等方式，深化自己的学科知识和跨学科思维。

综上所述，高校应用型人才培养需要强调跨学科的知识结合和综合素质培养。跨学科的教学和研究能够帮助学生形成全局思维、培养综合能力和创新思维。只有通过不断的努力和创新，才能够培养出具有跨学科能力和综合素质的高素质应用型人才，为社会发展和创新作出贡献。

五、学生评价与反馈机制

高校应用型人才培养需要建立科学有效的学生评价与反馈机制。通过多样化的评价方式，如课程考核、实践项目评估、学生反馈调查等，及时了解学生的学习情况和需求，为教学改进提供依据。

学生评价与反馈是高校教学质量保障的重要环节之一。通过对学生的评价和反馈，可以了解教学的有效性、学生的学习情况和需求，及时调整和改进教学策略，提高教学效果和学生满意度。对于应用型人才的培养来说，学生评价与反馈更加重要，因为它关乎学生的实际能力和应用能力的培养。

第一，建立多样化的评价方式是关键。传统的学生评价主要以考试成绩为主，但这种评价方式不能全面反映学生的能力和潜力。为了更好地评价应用型人才的培养效果，需要采用多种评价方式。例如，可以通过课程考核来评估学生对理论知识的掌握程度；通过实践项目评估来评估学生的实际操作能力和解决问题的能力；通过学生反馈调查来了解学生对教学的满意度和需求等。多样化的评价方式可以全面了解学生的学习状况和能力水平，为教学改进提供更全面的依据。

第二，评价结果需要及时反馈给学生。学生评价不仅仅是为了评估教学效果，更重要的是为学生提供反馈和指导，帮助他们改进学习方法和提升能力。因此，评价结果应及时准确地反馈给学生，让他们了解自己的优势和不足，并采取相应的措施进行改进。这种个性化的反馈可以激发学生的学习动力，帮助他们更好地发展自己的潜力。

第三，学生评价与反馈机制需要充分考虑学生的参与和主体性。学生是教学的主体，他们对教学的评价和反馈是最直接和真实的。因此，在建立评价与反馈机制时，应充分尊重学生的意见和建议，鼓励他们积极参与评价和反馈的过程。可以通过开展学生代表选举、成立学生评价委员会等方式，促进学生参与评价与反馈的过程，使其更具有代表性和参与性。

第四，要建立有效的学生评价与反馈机制，需要教师具备相关的评价和反馈能力。教师应具备较强的教学观察和评价能力，能够客观地评估学生的学习情况和能力水平。同时，教师还应具备良好的沟通和反馈能力，能够与学生进行有效的交流，帮助他们理解评价结果并采取相应的行动。教师还应持续提升自身的评价与反馈能力，通过教师培训、教学研讨等方式，不断提高评价与反馈的质量和效果。

第五，在建立学生评价与反馈机制的过程中，还需要充分利用现代技术和信息化手段。高校可以利用教育技术建立在线评价系统和学生反馈平台，方便学生进行评价和反馈。同时，教师也可以利用数据分析和挖掘技术，对学生的评价和反馈进行综合分析，及时发现问题和改进的方向。信息化手段的运用可以提高评价与反馈的效率和准确性，为教学改进提供更科学的依据。

综上所述，高校应用型人才培养需要建立科学有效的学生评价与反馈机制。这需要建立多样化的评价方式，及时反馈评价结果给学生，并充分考虑学生的参与和主体性。同时，教师也需要具备相关的评价与反馈能力，通过现代技术和信息化手段提高评价与反馈的效率和准确性。只有建立科学有效的评价与反馈机制，才能更好地推动高校应用型人才的培养工作，提高教学质量和学生的实际能力。

第二节　高校应用型人才培养模式的外部影响

高校应用型人才培养模式的外部影响主要来自以下方面，如图3-3所示。

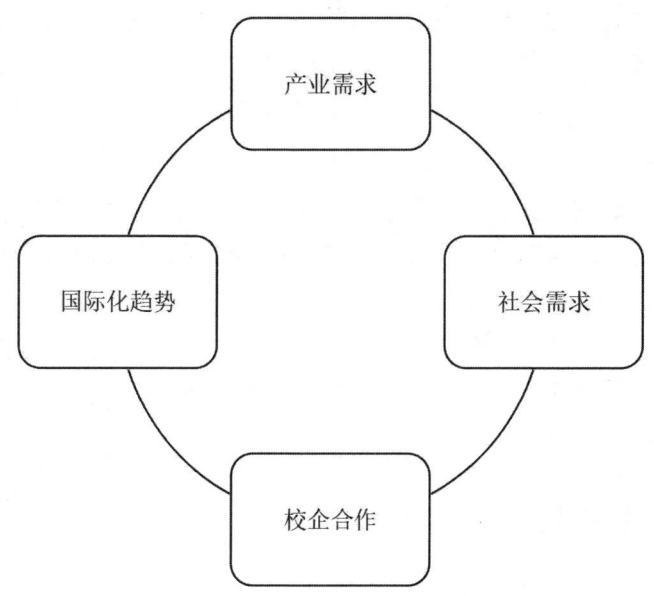

图3-3　高校应用型人才培养模式的外部影响

一、产业需求

产业需求对高校应用型人才培养模式有着重要影响。随着产业的不断发展和技术的快速变革，市场对于应用型人才的需求也在不断演变。因此，高校需要与产业需求紧密结合，以确保培养出适应现实工作环境的应用型人才。

第一，高校需要了解产业的发展方向和趋势。通过与产业界的密切联系，高校可以了解到不同行业的需求变化、技术创新和市场趋势。这有助于高校更准确地把握产业的发展方向，及时调整人才培养目标和课程设置。高校可以根据产业的需求，调整专业设置、课程内容和教学方法，确保所培养的人才符合产业的实际需求。

第二，高校应该与企业保持紧密联系。与企业的合作与交流可以帮助高校了解企业的具体需求和对应用型人才的要求。高校可以与企业建立实习基地、共同开展研究项目或提供实际问题解决的咨询服务等形式的合作，通过与企业的互动，使学生更好地了解实际工作环境和行业要求。同时，高校还可以邀请企业专家参与教学，进行实践导向的培训，帮助学生获得与产业紧密结合的实践经验。

第三，高校还需要及时调整培养目标、课程设置和实践环节，以满足产业对应用型人才的需求。高校应该关注产业的技术变革和市场需求的变化，及时对课程进行更新和调整，增加实践环节的设置，培养学生解决实际问题和适应变化环境的能力。通过开设实践性课程、实验室实训和项目实践等形式，高校可以使学生在真实场景中运用所学知识和技能，提高他们的实践能力和解决问题的能力。

综上所述，高校应用型人才培养模式需要与产业需求紧密结合。高校应该了解产业的发展趋势，与企业保持紧密联系，及时调整培养目标、课程设置和实践环节，以满足产业对应用型人才的需求。通过与产业的紧密结合，高校可以培养出适应现实工作环境的应用型人才，为产业发展和社会进步作出积极贡献。

二、社会需求

社会需求对高校应用型人才的培养模式产生着重要的影响。社会的需求是高校应用型人才培养的导向，它直接关系到高校的教学内容、培养目标以及教学方法的选择。社会对某些领域的应用型人才需求旺盛，高校在培养模式上可能会加大对这些领域的投入和重视。同时，社会对人才的专业技能、实践能力和创新能力的要求也会对高校的培养模式产生压力和影响。因此，高校需要不断关注社会需求的变化，调整和改进培养模式，以更好地满足社会的需求。

第一，社会对某些领域的应用型人才需求旺盛。随着社会的不断发展和进步，一些新兴行业和领域的需求呈现出快速增长的趋势。例如，信息技术、人工智能、大数据、生物科技等领域对应用型人才的需求持续增加。高校在面对这些领域的培养任务时，需要加大对相关专业的投入和重视。可以通过增设相关专业或专业方向，提供更加精细化和专业化的培养方案，以培养适应这些领域需求的高素质应用型人才。

第二，社会对人才的专业技能、实践能力和创新能力的要求不断提高。

在现代社会中，企业和组织对人才的要求已经不再仅仅局限于纯理论知识的掌握，更加注重应用能力和创新能力。高校应用型人才培养模式需要适应这一变化，注重培养学生的实践能力和创新思维。高校可以通过实践教学、案例分析、项目驱动等方式，提供给学生参与实际工作和项目的机会，让他们能够将所学知识应用到实际情境中，培养解决实际问题的能力。同时，还可以开设创新创业类的课程，培养学生的创新思维和创业精神，引导他们在未来能够在不同领域作出创新贡献。

第三，社会需求对高校培养模式的影响也体现在行业与高校的合作关系上。随着社会对应用型人才需求的不断增加，行业对高校培养模式的参与和影响也越来越大。行业与高校的合作可以为高校提供实践教学、实习实训、科研项目等方面的支持和资源，使学生能够接触真实的工作环境和实际项目，提高实践能力。同时，行业的参与还可以帮助高校更好地了解行业需求，调整和改进培养方案，使其更符合实际需要。因此，高校需要积极与行业建立合作关系，开展校企合作等形式的合作，共同促进应用型人才的培养。

需要注意的是，社会需求对高校培养模式的影响也存在一些挑战和压力。一方面，社会需求的多样化和快速变化对高校提出了更高的要求。高校需要不断更新教学内容和教学方法，以适应新领域和新技术的发展；另一方面，社会需求的变化对高校的师资队伍和教育资源提出了更高的要求。高校需要拥有一支高水平的师资队伍，能够及时了解行业的最新需求，并能够为学生提供专业化的培养。此外，高校还需要不断提升教育资源的质量和水平，为学生提供良好的学习环境和实践条件。

综上所述，社会需求对高校应用型人才的培养模式产生着重要的影响。高校需要根据社会对不同领域应用型人才的需求变化，调整和改进培养模式。在培养过程中，高校应注重培养学生的专业技能、实践能力和创新能力，提供实践教学和创新创业的机会。同时，高校还应积极与行业建立合作关系，共同促进应用型人才的培养。然而，社会需求的变化也给高校带来了挑战和压力，高校需要不断提升师资队伍和教育资源的质量和水平，以更好地满足社会的需求。只有在与社会需求紧密结合的基础上，高校应用型人才培养模式才能更加有效地发展和完善。

三、校企合作

校企合作是高校应用型人才培养模式中一项关键且重要的组成部分，它建立了高校与企业之间的紧密合作关系，旨在促进学生的实践能力培养、职业素养提升以及创新创业能力的培养。这种合作关系对于高校应用型人才培养模式具有重要的影响，不仅为高校提供了实践教学资源、实习机会和创新创业平台，也使得高校能够更好地满足企业的需求，提高人才培养的实效性。

第一，校企合作为高校提供了丰富的实践教学资源。通过与企业的合作，高校能够获得企业的实践教学资源，如先进的设备、技术平台、实验室等。这些资源可以帮助学生更好地进行实践学习和实验操作，将所学的理论知识应用到实际项目中。例如，在工程类专业中，高校与建筑公司、制造企业等合作，学生可以在真实的工程项目中参与设计、施工和管理，从而锻炼实际操作能力和解决问题的能力。通过实践教学，学生能够更深入地了解专业知识的应用，提高实践能力和职业素养。

第二，校企合作为学生提供了实习机会和实践锻炼的平台。通过与企业合作，高校能够为学生提供丰富的实习机会，使他们有机会接触真实的工作环境和项目。学生可以在实习期间将所学的知识与实际工作相结合，学习和掌握实践技能，并与企业的专业人员进行交流和互动。这样的实践经历不仅能够提高学生的实际操作能力，还能够增强他们的团队合作意识和沟通能力。通过实习，学生能够更好地了解自己所学专业的实际应用，并为未来的就业做好准备。

第三，校企合作还为学生提供了创新创业的平台。随着创新和创业的重要性日益凸显，高校应用型人才的培养也需要注重创新创业能力的培养。与企业的合作可以为学生提供创新创业的实践机会和支持。高校可以与企业合作建立创新创业孵化中心、科技园区等，为学生提供创新创业的资源和支持。学生可以通过参与创新项目、创业比赛等活动，锻炼创新思维和实际操作能力。校企合作为学生搭建了一个创新创业的平台，使他们能够将创新创业的理念转化为实际行动，并在实践中不断完善和提升自己的创新能力。

第四，除了为高校提供实践教学资源和实习机会，校企合作还能够帮助高校不断改进培养模式，提高人才培养的实效性。通过与企业的合作，高校可以了解企业对应用型人才的需求和期望，及时调整和改进培养方案。企业的反馈和评估可以帮助高校了解学生的实践能力和就业竞争力，以此为基础进行课程改革和教学改进。高校可以通过与企业的合作开展共同研究项目、联合培养项目等，加强学校和企业之间的交流与合作，共同培养适应社会需求的应用型人才。

需要注意的是，校企合作也面临着一些挑战和困难。一方面，高校与企业需要在利益分配、资源共享等方面进行协调和合作。双方需要建立起良好的合作机制和沟通渠道，确保合作的顺利进行。另一方面，高校需要不断提升师资队伍的素质和能力，以适应与企业的合作需求。高校教师需要具备行业经验和实践能力，能够与企业的专业人员进行有效的合作与交流。此外，高校还需要加强对校企合作的管理和评估，确保合作项目的质量和效果。

综上所述，校企合作对高校应用型人才培养模式具有重要的影响。通过与企业的合作，高校能够为学生提供实践教学资源、实习机会和创新创业平台，帮助学生提高实践能力和职业素养。然而，校企合作也面临着一些挑战和困难，需要双方共同努力解决。只有通过密切的合作与协作，高校才能更好地培养出满足社会需求的应用型人才，推动社会经济的发展和进步。

四、国际化趋势

在全球化和国际化的时代背景下，高校应用型人才培养模式面临着新的挑战和机遇。随着国际交流与合作的加强，高校需要积极响应国际化的趋势，培养具有国际竞争力的应用型人才，这意味着高校应该关注国际领先的技术和理念，开设国际化课程和交换项目，提供国际实践机会，以培养具有全球视野和跨文化交流能力的人才。

第一，高校应关注国际领先的技术和理念。随着科学技术的迅猛发展和跨国公司的崛起，许多领域的创新和发展都受到国际前沿技术和理念的驱动。高校应及时了解国际领先的技术动态和发展趋势，将其融入教学内容中。开设与国际领域接轨的专业课程和实验室，引入国际先进的教学方法和实践经验，为学生提供具有国际竞争力的学习体验。

第二，高校应开展国际化课程和交换项目。国际化课程是指将国际元素融入课程中，包括国际化的课程设置、教材选择和教学方法。通过开设国际化课程，高校可以培养学生的国际视野、跨文化交流能力和全球问题解决能力。同时，高校还可以与国外的高校和机构建立合作关系，开展学生交换项目、合作研究项目等，为学生提供广阔的国际交流和学习机会。通过与国际合作伙伴的互访与交流，学生可以了解不同国家和文化背景下的工作方式和思维方式，增加跨文化沟通与合作的能力。

第三，高校应为学生提供国际实践机会。国际实践是指学生通过参与海外实习、交流项目、社会服务等方式，在国际环境中进行实践和学习。这样的实践经历可以帮助学生拓宽视野，增强跨文化交流和适应能力，提升解决国际问题的能力。高校可以与国际组织、跨国公司和外籍教师合作，为学生提供国际实践的机会和支持。通过参与国际实践，学生可以将理论知识应用到实际情境中，了解国际行业的发展趋势和需求，提高自身的竞争力和适应能力。

第四，在推动国际化的过程中，高校需要充分认识到国际化的重要性和必要性。首先，国际化能够为学生提供广阔的发展平台。在全球化时代，许多行业和领域都呈现出高度竞争和国际化的趋势，具备国际竞争力的应用型人才更受市场青睐。通过国际化的学习和实践，学生能够获得与国际接轨的知识和经验，提高自身的职业竞争力和就业机会。其次，国际化有助于培养学生的全球视野和跨文化交流能力。在跨国公司和跨文化团队工作的背景下，学生需要具备跨文化交流和合作的能力。通过接触不同国家和文化背景的学生和教师，学生可以增加对多元文化的理解和尊重，培养跨文化交流和解决问题的能力。此外，国际化也可以促进学校与国际高水平教育机构的合作与交流，提升学校的国际影响力和竞争力。通过与国际高水平教育机构的合作，学校可以吸引更多的国际学生和教师，扩大学校的国际影响力。同时，学校也可以借鉴国际高水平教育机构的先进经验和管理模式，推动学校的教育教学改革和发展。

需要注意的是，要实现高校应用型人才培养的国际化，也面临着一些挑战和困难。首先，语言和文化差异是学生参与国际化教育的一大挑战。许多国际化的课程和项目都是以英语为主要语言进行，学生需要具备足够的英语水平才能参与其中。此外，不同国家和地区的文化差异也会对学生的适应能力和跨文化交流造成一定影响。其次，国际化的教学资源和合作伙伴的选择也是一个挑战。高校需要投入大量的人力和物力资源，建立与国际高水平教育机构的合作关系，并开展多样化的国际化课程和实践项目。此外，寻找合适的国际合作伙伴也需要时间和精力，需要学校具备一定的国际化合作经验和专业能力。最后，国际化教育的可持续发展也是一个关键问题。国际化教育需要学校具备长期的战略规划和持续的投入，而不是短期的冲刺。学校需要建立健全的管理机制，制定长期的发展规划，培养专业的国际化教育团队，保证国际化教育的稳定和持续发展。

综上所述，全球化和国际化的趋势对高校应用型人才培养模式产生了重要影响。高校需要克服语言和文化差异、教学资源和合作伙伴选择、可持续发展等挑战，确保国际化教育的质量和实效。只有在全球化和国际化的背景下，高校才能真正培养出具有国际竞争力和应用能力的优秀应用型人才，为国家的发展和社会的进步作出积极贡献。

第三节　高校应用型人才培养模式的内部变革

高校应用型人才培养模式的内部变革主要需要从以下方面进行，如图3-4所示。

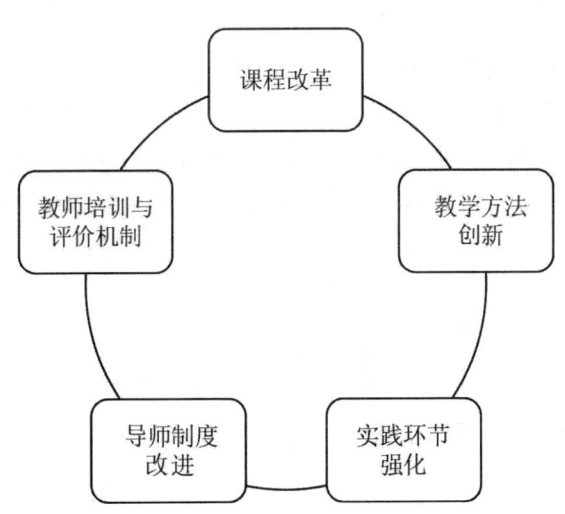

图3-4　高校应用型人才培养模式的内部变革

一、课程改革

课程改革在高校应用型人才培养中扮演着至关重要的角色。课程改革是内部变革的一个重要方面，通过对现有课程进行审视和更新，能够适应社会发展的需求和变化，并提供更具实践性和应用性的教育内容。课程改革旨在培养学生的实际操作和解决问题的能力，使他们能够在实际工作环境中应用所学知识，提高他们的职业竞争力和适应能力。

第一，课程改革需要关注产业需求和技术变革。随着科技的不断进步和社会经济的发展，产业需求和技术要求也在不断变化。高校应该密切关注各个行业的最新发展动态，了解市场对应用型人才的需求，及时调整课程设置和内容，使之符合当前的产业需求。这意味着需要与相关企业和行业保持紧密联系，进行市场调研和需求分析，从而为课程改革提供有效的指导和支持。

第二，课程改革应该注重增加实践性强的课程内容。传统的理论课程在一定程度上满足了学生对知识的学习，但缺乏对实际操作和问题解决能力的培养。因此，课程改革应该增加实践性强的教学内容，如实验课、实习、项目设计等，让学生能够亲身参与实践活动，学以致用。

第三，课程改革还应该加强实践教学和实践项目的设置。实践教学是培养应用型人才的重要手段，可以帮助学生从理论层面过渡到实践层面，培养他们的实际操作能力和解决问题的能力。高校可以通过建立实践教学基地、虚拟实验室等方式，提供真实的实践环境和机会，让学生能够在实际操作中学习和实践，培养他们的实践能力和团队合作精神。

第四，课程改革还应该注重培养学生的创新意识和创新能力。在当今知识经济时代，创新能力对于应用型人才至关重要。高校可以通过开设创新创业类课程、组织创新实践活动等方式，培养学生的创新思维和创新能力。课程内容可以涵盖创新管理、创业规划、产品设计等方面，引导学生从创意到实践的全过程，激发他们的创新潜能和创业热情。

第五，课程改革还可以借鉴国际先进的教育理念和经验。通过与国际高水平教育机构的合作和交流，了解他们的课程设置和教学模式，吸收他们的先进经验，可以提升高校应用型人才培养的质量和水平。高校可以开展教师交流计划、学生交流项目等，促进国际合作与交流，引进国外优秀的课程资源和教育理念，为课程改革提供新的思路和方法。

第六，课程改革需要综合考虑教学资源和师资力量。高校应该优化教学资源配置，加大对实践教学设施和实验室的投入，提高学生的实践操作能力。同时，高校也需要加强师资队伍建设，培养具有实践经验和行业背景的教师，为学生提供专业指导和支持。高校可以通过培训计划、学术交流等方式，提高教师的教学水平和实践能力，使他们能够更好地参与课程改革和实践教学。

综上所述，课程改革在高校应用型人才培养中具有重要意义。通过对现有课程的审视和更新，结合产业需求和技术变革，增加实践性强的课程内容，加强实践教学和实践项目的设置，可以培养学生的实际操作和解决问题能力。课程改革需要与企业、行业和国际高水平教育机构的合作，借鉴国际先进的教育理念和经验，同时也需要优化教学资源和师资力量的配置。只有通过不断的课程改革，高校才能培养出适应社会需求、具备实践能力和创新能力的应用型人才，为社会发展和经济进步作出贡献。

二、教学方法创新

在高校应用型人才培养模式中，教学方法的创新是至关重要的。传统的课堂教学已经不能满足培养学生实践能力和综合素质的需求，因此教师需要采用新的教学方式来提升教学效果。以下是一些可以采用的教学方法创新。

第一，案例教学是一种常见的教学方法，它通过引入真实的案例和问题，激发学生的思考和解决问题的能力。教师可以选择与课程内容相关的实际案例，让学生参与讨论和分析，从中获取实践经验。通过案例教学，学生能够将理论知识与实际情况相结合，培养解决实际问题的能力。

第二，项目教学也是一种有效的教学方法。通过让学生参与项目实践，他们能够在真实的情境中运用所学知识，培养实践能力和团队合作精神。教师可以设计具有挑战性的项目任务，让学生在实践中学习和成长。项目教学可以培养学生的问题解决能力、创新思维和实际操作能力，使他们具备适应复杂工作环境的能力。

第三，团队合作也是培养学生综合素质的重要途径。通过组织学生进行团队合作项目，使学生能够学会有效沟通、协作和领导。团队合作能够培养学生的团队意识和合作精神，使他们在未来的工作中能够与他人合作，共同完成任务。

第四，信息技术和在线教育工具的引入也是教学方法创新的重要方面。借助现代技术，教师可以开展远程教学和在线实验，为学生提供更灵活和多样化的学习方式。学生可以通过在线平台获得课程内容和学习资源，并与教师和同学进行交流和讨论。在线实验也可以通过模拟实验环境和虚拟实验室来进行，让学生在没有实际设备的情况下进行实验操作，提高他们的实验能力。

综上所述，高校应用型人才培养模式需要创新教学方法。教师可以采用案例教学、项目教学、团队合作等方式，培养学生的实践能力和综合素质。同时，引入信息技术和在线教育工具，开展远程教学和在线实验，提供更灵活和多样化的学习方式。这些创新的教学方法将有助于培养出适应现代社会需求的高素质人才。

三、实践环节强化

在高校应用型人才培养中，加强实践环节是至关重要的。传统的课堂教学难以满足学生实际操作和解决问题的需求，因此通过与企业合作，提供更多实习、实训和实践项目的机会，成为培养学生实践能力的重要途径。

第一，与企业合作是实践环节加强的重要方式之一。高校可以积极与各类企业建立合作关系，争取为学生提供更多实习和实训机会。通过与企业合作，学生能够接触真实的工作环境和实际问题，了解行业的发展动态和要求。在实践中，学生能够锻炼实际操作和解决问题的能力，提高他们的职业素养和实际能力。

第二，建立创新创业实验室和校企合作基地也是加强实践环节的有效方式。创新创业实验室提供了一个创新创业的平台，学生可以在这里进行创新性的项目实践和创业尝试。实验室可以配备各种先进的设备和工具，为学生提供良好的实验条件和支持。同时，校企合作基地为学生提供了更多与企业合作的机会，学生可以参与实际项目并与企业专业人员合作，学习实践经验和实际操作技能。

第三，高校还可以积极推动实践项目的开展。通过与行业相关的实践项目，学生可以将所学知识应用于实际情境中，锻炼实际操作和解决问题的能力。这些项目可以与企业、政府部门、非营利组织等合作开展，为学生提供与实际工作相关的实践机会。实践项目的开展可以通过学生参与课外实践团队、竞赛项目、社会实践等形式来实现。

第四，除了加强实践环节，高校还应该为学生提供创新创业的支持。创新创业是应用型人才培养的重要目标之一。高校可以设立创新创业教育中心或孵化器，提供创新创业的培训、咨询和支持服务。学生可以通过参与创新创业活动，发展创新思维和创业精神，培养解决问题和创造价值的能力。

综上所述，高校应用型人才培养需要加强实践环节。通过与企业合作，提供更多实习、实训和实践项目的机会，让学生能够接触真实的工作环境和实际问题，锻炼实际操作和解决问题的能力；建立创新创业实验室、校企合作基地等平台，为学生提供创新创业的支持。通过这些措施，高校能够更好地培养出具备实际能力和创新创业精神的应用型人才。

四、导师制度改进

高校应用型人才培养的导师制度改进是提高教学质量和学生发展的关键。下面探讨如何改进高校应用型人才培养的导师制度。

第一，建立导师评选机制。高校可以设立一套严格的导师评选标准和程序，确保只有具备丰富实践经验、教学水平较高的教师才能成为导师。评选标准可以包括教学能力、实践经验、学术成果等方面，以确保导师具备指导学生实践和培养应用能力的能力和经验。

第二，建立导师团队，推行合作导师制。通过建立导师团队，可以充分利用各个领域的专家和教师的资源和经验，提供多样化的指导和支持。合作导师制可以使学生接触到更广泛的专业知识和实践经验，从而更好地培养他们的综合素质和应用能力。

第三，加强导师培训和评估。高校可以为导师提供专门的培训和学习机会，提高他们的教学水平和指导能力。培训内容可以包括教学方法、学生指导技巧、实践项目设计等方面。此外，建立导师的绩效评估机制，对导师的指导质量和学生发展情况进行评估，以激励导师提供更好的指导和支持。

第四，建立定期导师与学生的交流机制。高校可以设立定期的导师与学生的面谈或小组讨论会，让导师与学生进行深入交流，了解学生的学习情况和发展需求。导师可以给予学生针对性的指导和建议，帮助他们规划学习和职业发展路径。

第五，鼓励导师与学生进行科研项目和实践项目的合作。导师可以引导学生参与科研项目，培养他们的科研能力和创新精神。同时，导师还可以与学生一起参与实践项目，让学生在真实的情境中运用所学知识，锻炼实践能力和解决问题的能力。

第六，加强导师与企业的联系与合作。导师可以与企业建立合作关系，促进学生的实习和就业机会。通过与企业的合作，导师可以了解行业的需求和趋势，将这些信息传递给学生，并帮助他们提升就业竞争力。

五、教师培训与评价机制

高校应用型人才培养模式的内部变革需要关注教师的培训与评价机制。教师是实施教育教学工作的核心力量，他们的教学能力和素质直接关系到学生的学习效果和培养质量。因此，高校应积极加强教师的培训与评价，以提升教师的教学水平和教育能力。

第一，高校可以加强教师的教学能力培训。通过开展针对教师的专业培训课程和学术研讨会，高校可以帮助教师更新教育理念、了解最新的教学方法和教育技术。培训内容可以包括课程设计与教学策略、案例教学、项目教学、团队合作教学等方面，帮助教师提高课堂教学效果和学生实践能力的培养。

第二，高校应该鼓励教师参与教学研究和教学创新。建立教师的教学研究项目和教学创新项目，鼓励教师在实践教学和创新教学方面进行探索与实践。这可以通过设立教学创新基金、组织教师教学经验交流与分享、鼓励教师参与教学比赛等方式来实现。教师的教学研究和创新实践可以促进教师的教学能力提升，同时也为高校应用型人才培养提供更多优质教育资源和教学方法。

第三，高校应该建立科学有效的教学评价机制。教学评价是对教师教学工作的反馈和评估，对于提高教学质量和教师发展具有重要意义。高校应该建立多元化的教学评价体系，既包括学生评价，也包括同行评价和专家评价。学生评价可以通过问卷调查、课程评估等方式进行，以了解学生对教学的满意度和学习效果。同行评价和专家评价可以通过课堂观摩、教学案例分析、教学反思等方式进行，以促进教师之间的交流与学习。同时，教学评价应该注重定量和定性相结合，综合考虑教学效果和教学过程的因素。

第四，高校可以鼓励教师参与教学奖励和教师职称评聘。设立教学奖项和表彰制度，对于在教学质量和教学创新方面取得突出成绩的教师给予肯定和奖励，激励教师积极投入教学工作中。在教师职称评聘过程中，应该充分考虑教学表现和教学质量，确保教师的教学能力得到充分评价和认可。

综上所述，高校应用型人才培养的教师培训与评价机制是提高教学质量和学生发展的重要环节。通过加强教师的教学能力培训、鼓励教师参与教学研究和教学创新、建立科学有效的教学评价机制，以及鼓励教师参与教学奖励和教师职称评聘，可以提升教师的教学水平和教育能力，为高校应用型人才培养提供优质的教育资源和教学环境。

第四节 高校应用型人才培养模式的转型发展

"应用型人才是高等学校根据社会发展的实际需要所培养的参与生产一线，解决实际问题，在掌握一定的理论知识的同时，具有一定创新及科研成果转化能力的复合型人才"[①]。高校在人才培养上需要充分考虑如何通过面向实际应用更好地服务地方经济建设，在人才培养标准的制定上充分考虑用人单位的需求，并以此为导向开展人才培养工作，下面以地方本科型院校为例，阐述应用型人才培养模式的转型发展，如图3-5所示。

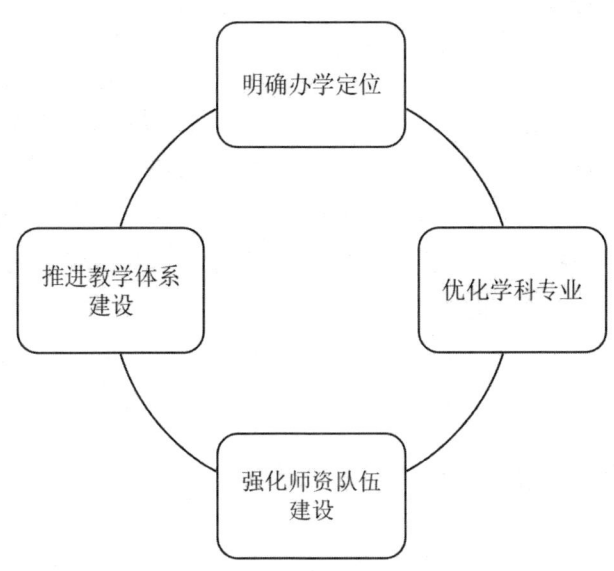

图 3-5 高校应用型人才培养模式的转型发展

一、明确办学定位

高校只有明确自身的办学定位才能形成正确的办学理念。相对学术型、研究型高校，地方本科高校的来源主要是通过升格、转制或合并，在办学基础、

---

① 佟琳琳 . 地方本科高校转型发展背景下应用型人才培养模式研究 [J]. 中国多媒体与网络教学学报（上旬刊），2019（1）：36.

经费投入、资源获取能力以及师资力量等硬件和软件实力上都相对薄弱。因此，在转型发展过程中，地方本科高校做好自身定位非常重要，高校只有通过科学合理的分析，认清社会发展的现状，在充分总结自身优势与不足的情况下，给予自身准确的定位才能有明确的人才培养目标，才能构建出科学合理的人才培养体系。

我国经济正处在以经济结构调整促产业升级阶段，社会各行业、各领域需要不同层次、规格和类型的各种人才，应用型人才培养完全适应社会经济发展的需要。因此，地方高校要具有立足地方发展，服务地方经济建设的理念，结合自身的学科优势设置专业、研究人才培养模式、制定人才培养方案，培养符合当地经济发展需要和能够满足地方用人单位需求的应用型人才。

二、优化学科专业

学科专业是人才培养的基础，它既反映了学科领域的研究现状和社会发展的现实需要，也是高等学校融入社会、参与社会活动、服务社会的途径与手段。然而，目前许多地方本科高校在选择转型发展的同时，在学科专业的设置上过于趋同，同质化现象明显，因缺乏差异性而造成人才培养缺乏特色，导致毕业生能力与就业岗位需求的匹配度较低。因此，地方高校必须坚持以当地市场需求为导向，对未来的发展作出预估，根据社会发展和市场需求的变化及时调整专业设置，确保培养出来的学生能力与素质同市场需求相适应，避免现在所学不能日后所用的问题出现。

三、强化师资队伍建设

在师资队伍建设上，构建与应用型人才培养相适应的教师队伍是地方本科高校转型发展的重要一环，师资队伍的结构与质量是培养应用型人才的关键。随着各高校招生规模的不断扩大，各高校开始扩充教师数量，也逐渐重视高学历、高职称人才的引进，高校师资队伍从数量、学历和职称得到完善的同时，也暴露出一些问题，尤其是双师型教师的比例偏低，难以满足地方本科高校转型发展的需要。因此，地方高校需通过"内培"与"外引"机制，加大"双师型"队伍建设，制定相应的政策，鼓励现有教师"走出去"，如在职称评定的教研业绩考核上和年终绩效考核等方面对"双师型"给予政策倾斜；积极鼓励青年教师参与当地经济建设，加强与企业的联系与合作，协助企业解决生产过程中遇到的问题，同时不断提高自身的实践能力，进而在课堂教学过程中有效地将理论教学与社会实践有机结合。"请进来"既可以是"柔性引进"，即高校将不能为高校所有，但可以为高校所用的具有丰富实践经验的企业从业人员，如高级工程师等以聘请兼课或定期开展讲座等方式为高校服务。"请进来"也可以是"直接引进"，即高校将符合条件的人才直接引进，签订正式的劳务合同，同时做到用制度吸引人才，用待遇留住人才。

四、推进教学体系建设

在转型发展过程中，多数地方本科高校的教学体系建设长期以来一直是围绕教授知识建立起来的，而应用型人才培养注重实践教学和实训教学。由此可见，目前地方本科高校的教学体系仍是沿着研究型大学的轨迹向前迈进，这与应用型人才的培养理念是相悖的。因此，地方高校先要在教育理念上转型。通常而言，高校的人才培养方案是由学校内部确定的，尽管有的高校进行了调研走访或征求了专家意见，但多数是流于形式，企业参与度不够，这主要是由于高校的重视度不足或企业因多种原因参与热情不高，最终高校制定的人才培养方案没有很好地与当地的经济发展需求相结合，最终造成培养出来的学生与市场需求不符，毕业生优质就业率低，甚至就业难。

为了避免上述情况发生，高校确定人才培养模式后，在人才培养方案制定时，相关专业课教师应有计划地深入生产一线，充分了解企业的发展现状及今后发展中可能会遇到的问题；不定期地对毕业生进行回访，尤其是近两年毕业的学生，通过座谈及问卷调查等方式了解他们的工作现状，并将反馈内容作为人才培养方案修订的参考依据。

在课堂教学内容的安排上，教师要注重理论学时与实践学时的分配比例，注重培养学生用理论知识解决实际问题的能力，这个度把握不好就会造成学生理论知识学习远不及研究型大学，动手能力与职业院校学生相差甚远，最终导致培养出来的学生适应性差，即缺乏创新能力，也没有职业竞争力。

在硬件条件上，高校要做好校内外实训、实习基地建设，尤其是校外实习基地的选取非常重要。优质的校企合作平台一方面会为学生提供良好的实习场所，不断提升学生的实践能力；另一方面会加强学生与社会的接轨度，使学生得到提前适应社会的机会。在实践教学环节的安排上，高校在实践课程设置、专业实习和毕业实习等环节要做好充分的计划。

此外，毕业设计（论文）是对学生大学阶段所学知识的全面检验，检验学生综合运用所学知识解决问题的能力。因此，高校在毕业设计（论文）环节的设置上应加强全过程指导，从开题到答辩的整个过程中采取双导师制，即本校教师与具有丰富行业背景的人员联合指导学生，进一步提高学生解决实际问题的能力。

第四章 高校应用型人才培养模式的保障机制

第一节 高校应用型人才培养模式的管理体制

高校应用型人才培养模式的管理体制是确保高校应用型人才培养工作有效开展和持续改进的重要保障。高校应用型人才培养模式的管理体制主要包括以下内容，如图 4-1 所示。

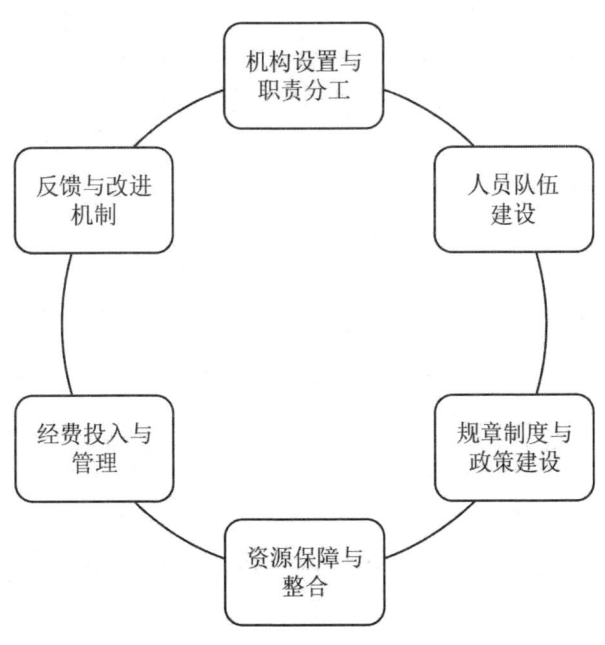

图 4-1 高校应用型人才培养模式的管理体制

一、机构设置与职责分工

高校应用型人才培养模式的机构设置和职责分工对于有效推进应用型人才培养工作至关重要。下面是关于高校应用型人才培养模式机构设置与职责分工的详细内容：

第一，应用型人才培养模式管理委员会。应用型人才培养模式管理委员会是高校应用型人才培养模式的最高决策机构，由高校领导和相关教学、行政部门负责人组成。其职责包括制定和调整应用型人才培养模式的总体规划和发展战略，协调各相关部门和单位的工作，推动应用型人才培养模式的落实与发展。

第二，应用型人才培养模式管理机构。应用型人才培养模式管理机构可以设立为一个部门、学院或专门的中心，负责规划、组织、协调和监督高校应用型人才培养相关工作。其职责包括制定具体的实施方案和时间表，与各教学单位和行政部门协调配合，促进与企业的合作，监督和评估应用型人才培养模式的实施情况。

第三，教学单位（学院、系）。教学单位是高校应用型人才培养模式的主要承办者和实施者。他们负责根据规划要求，制定课程设置和教学计划，组织教师开展教学工作，提供学生实践环节和实践项目，培养学生的实践能力和综合素质。教学单位还应与管理机构密切合作，共同推动应用型人才培养模式的开展。

第四，教师发展中心。教师发展中心负责教师培训和教学支持工作。他们提供教师培训课程和学术研讨会，帮助教师更新教育理念和教学方法，提高教学质量。教师发展中心还为教师提供教学资源和支持，帮助他们改进课堂教学方法，提高学生实践能力的培养。

第五，校企合作部门。校企合作部门负责与企业建立合作关系，促进校企合作项目的开展。校企合作部门与管理机构紧密配合，确保高校应用型人才培养模式与实际需求的对接。

第六，质量监控与评估部门。质量监控与评估部门负责对应用型人才培养模式进行监控和评估。他们收集和分析学生、教师和企业的反馈信息，对应用型人才培养模式进行评估和持续改进。他们与管理机构合作，建立科学有效的教学评价机制，鼓励教师在实践教学和创新教学方面的探索与实践。

通过以上机构的设置和明确的职责分工，高校能够更好地组织和管理应用型人才培养模式的各项工作，确保其有效实施和质量保障。各机构之间的协同合作和紧密配合将促进高校应用型人才培养模式的成功开展。

二、人员队伍建设

人力资源队伍建设在高校中具有重要意义，尤其是在应用型人才培养模式的管理方面。为了有效推动这一领域的发展，高校应考虑加强对管理人员的培养和引进工作。

第一，高校应设立专门的人才培养管理岗位，以确保人才培养工作的顺利进行。这些管理岗位的招聘应当注重选拔具备应用型人才培养经验和管理能力的人员。这些人员应当具备良好的教育背景、教学经验和管理技能，以便能够胜任他们的职责。

第二，高校应提供适当的培训机会，以加强管理人员的能力和知识水平。这些培训可以包括教育管理、人才培养模式、团队协作和领导能力等方面的内容。通过培训，管理人员可以更好地了解应用型人才培养的要求和挑战，并学习有效的管理方法和策略。

第三，管理人员应具备协调各方资源的能力，以推动高校应用型人才培养工作的顺利进行。他们需要与教师、学生、行业合作伙伴等多方面进行有效沟通和合作，以确保培养过程中的资源充分利用和协调。管理人员的角色是桥梁和协调者，他们应能够有效地组织和管理相关资源，以实现高校应用型人才培养目标的达成。

综上所述，高校在应用型人才培养模式的管理人员队伍建设方面应当加强努力。通过设立专门的人才培养管理岗位、招聘和培训具备经验和能力的人员，并强调教育背景、教学经验和管理技能的重要性，高校可以促进应用型人才培养的发展，并取得更好的成果。

三、规章制度与政策建设

高校应建立健全适应应用型人才培养模式的规章制度和政策体系，以推动该领域的发展。这些规章制度和政策涵盖了多个方面，包括但不限于教学计划制定与管理、实践环节的规定、教学质量评估与监控、学生评价体系等。通过建设这些制度和政策，旨在明确各方的权责，提供制度保障，并规范高校应用型人才培养工作的开展。

第一，高校应建立科学合理的教学计划制定与管理制度。这一制度应明确教学目标、课程设置和学习要求，确保学生在学习过程中获得全面的知识和技能培养。教学计划的制定应充分考虑行业需求和社会发展趋势，与实际就业和创业需求相匹配。同时，高校应建立有效的教学计划管理机制，定期评估和调整教学计划，以确保其持续适应应用型人才培养的需求。

第二，高校应制定明确的实践环节规定。实践环节是应用型人才培养的重要组成部分，对学生的实际能力培养具有重要意义。因此，高校应明确实践环节的安排和要求，包括实习、实训、项目实践等内容。这些规定应考虑实践环节的时长、内容设计、实践基地选择等方面的因素，并与相关企业和机构建立良好的合作关系，为学生提供高质量的实践机会和资源支持。

第三，高校应建立健全教学质量评估与监控机制，这一机制应包括定期的教学质量评估和监控活动，以确保教学过程的有效性和学生学习成果的达成。高校可以采用多种评估手段，如学生评价、教师评价、同行评审等，以全面了解教学质量和改进需求。同时，高校应建立相应的监控机制，对教学质量进行跟踪和监测，及时发现问题并采取相应的改进措施，以提高教学质量和培养效果。

第四，高校应建立完善的学生评价体系。学生评价是对教学质量和培养效果的重要反馈机制，有助于高校了解学生的学习体验和需求。因此，高校应建立学生评价的规范和程序，包括课程评价、教师评价和教学环境评价等方面。学生评价结果应被高校充分重视，并作为改进教学和管理的依据，以提高应用型人才培养工作的质量和效果。

综上所述，高校应建立健全适应应用型人才培养模式的规章制度和政策体系。这些制度和政策的建设应涵盖教学计划制定与管理、实践环节的规定、教学质量评估与监控、学生评价体系等方面，旨在明确各方的权责，提供制度保障，规范高校应用型人才培养工作的开展。通过有效的规章制度和政策建设，高校可以进一步提升教学质量，培养出更多适应社会需求的应用型人才。

四、资源保障与整合

高校应为应用型人才培养模式提供必要的物质和人力资源支持，以确保培养工作的顺利进行。这包括对实验室设备、实践基地、教学资源等硬件资源的配备和更新，以及对教师团队的建设和培训的支持。高校应积极整合内外部资源，与企业、社会组织等建立合作关系，为学生提供更多的实习、实训和实践机会，以提升他们的实际能力和就业竞争力。

第一，高校应重视实验室设备和教学资源的配备与更新。应用型人才培养需要依托于先进的实验设备和教学资源，以提供学生实际操作和实践的机会。高校应及时更新实验室设备，引进最新的技术和设备，以确保学生接触到最新的行业标准和实践需求。同时，高校还应建立有效的设备维护和管理机制，确保设备的正常运行和可持续使用。

第二，高校应积极构建实践基地和校外实习平台。实践环节是应用型人才培养的重要组成部分，通过实践，学生可以将所学知识应用到实际问题中，培养实际操作能力和解决问题的能力。高校可以与相关企业、社会组织等建立合作关系，共同创建实践基地和实习平台，为学生提供真实的工作环境和项目实践机会。这样的合作关系不仅能够拓宽学生的实践渠道，还可以促进校企合作，加强产学研用结合，更好地满足社会需求。

第三，高校可以通过招聘具有丰富实践经验的专业人士或行业专家作为兼职教师或特聘教授，来丰富教师团队的多样性和实践经验。这样的专业人士能够为学生提供实际案例和实践经验，促进理论与实践的结合，增强学生的实际能力和创新思维。

五、经费投入与管理

高校应合理安排经费投入，为支持应用型人才培养模式的开展提供必要的资源和支持，涉及教学设备的购置与更新、教师培训与发展、实践基地的建设与维护、建立健全的经费管理制度等多个方面。

第一，高校应重视教学设备的购置与更新。应用型人才培养模式需要依靠现代化的教学设备来支持学生的实践操作和实际能力培养。高校应根据实际需求和专业要求，合理规划教学设备的购置计划，并优先考虑先进的技术和设备。同时，随着科技的不断进步，高校还应及时更新教学设备，以保持教学资源的先进性和有效性。为了实现设备的有效利用和维护，高校还应建立相应的管理机制，包括设备预约制度、设备维护计划等，确保设备的正常运行和可持续使用。

第二，高校应注重教师培训与发展。教师是应用型人才培养模式中的核心力量，他们的专业素养和教学水平直接影响着学生的学习效果和能力培养。因此，高校应提供相应的经费支持，开展教师培训与发展计划，包括参加学术会议、研修班、培训课程等。这些培训活动旨在提升教师的学科知识和教学能力，使其能够更好地适应应用型人才培养的需求和挑战。同时，高校还应鼓励教师积极参与科研项目和学术交流活动，以提升其专业水平和教学经验。

第三，高校应重视实践基地的建设与维护。实践基地是应用型人才培养的重要环节，为学生提供真实的工作环境和实践机会。高校应积极争取经费支持，建设和维护具备先进设备和资源的实践基地，与相关企业和机构建立合作关系，拓宽学生的实践渠道。在实践基地的建设过程中，高校应注重资源的合理配置和利用效率，确保资源的有效利用和长期可持续发展。

第四，高校应建立健全的经费管理制度，确保经费使用的透明、规范和有效。高校应制定经费管理的相关规章制度和流程，明确经费的申请、审批和使用程序，加强经费的监督和审核。同时，高校还应加强与相关部门的沟通和合作，确保经费的合理分配和使用，防止经费浪费和滥用的现象发生。经费使用情况应定期公开，接受社会监督，以提升经费使用的透明度和公信力。

六、反馈与改进机制

高校应建立学生、教师和企业的反馈机制，以促进应用型人才培养模式的不断优化和改进。通过定期收集各方的意见和建议，并进行分析和整理，高校能够更好地了解现有模式存在的问题和改进的方向，进一步提升教育质量和培养效果。

第一，高校应建立学生反馈机制。学生是应用型人才培养的受益者和主体，他们对教学质量、实践环节和就业效果等方面有着直接的体验和感受。高校可以通过开展问卷调查、座谈会、学生代表会议等形式，定期收集学生的意见和建议。这些反馈可以涵盖课程设置、教学方法、实践机会、教师质量、校企合作等方面，帮助高校了解学生的需求和期望，并针对性地改进应用型人才培养模式。

第二，高校应建立教师反馈机制。教师是应用型人才培养的关键执行者，他们对教学内容和教学方法有着直接的影响力。高校可以通过定期的教师评估和教学反馈，收集教师对教学模式和培养方案的看法和建议。同时，高校还可以鼓励教师之间的交流和合作，建立教师教学经验分享的平台，促进教师间的互动和共同成长。

第三，高校应建立企业反馈机制。与企业的密切合作是应用型人才培养的重要环节，企业对学生的培养质量和能力要求有着直接的评价和反馈。高校可以与合作企业建立定期沟通的机制，开展企业满意度调查、企业代表座谈会等活动，了解企业对毕业生的评价和需求，以及对应用型人才培养模式的建议和改进意见。通过与企业的紧密合作和反馈，高校可以更好地调整课程设置、增加实践环节，以培养更符合企业需求的应用型人才。

第四，高校应积极借鉴国内外先进经验，开展教学改革研究，及时调整和改进应用型人才培养模式。高校可以通过参观交流、学术研讨、国际合作等方式，了解其他高校在应用型人才培养方面的成功经验和创新做法。借鉴先进经验，高校可以适时进行教学模式和课程设置的调整，引进先进的教学方法和实践教学资源，以提升应用型人才培养的质量和效果。在开展教学改革研究时，高校还可以组织相关教师和专家参与教学评估和课程设计，以确保改革的科学性和可行性。通过科学的研究和实践，高校能够不断改进应用型人才培养模式，提升学生的实际能力和创新思维，培养更适应社会需求的优秀人才。

第二节　高校应用型人才培养模式的保障体系

培养高质量的应用型人才离不开质量保障体系的建设，建设质量保障体系要认同质量在高等教育特别是本科教育中所处的地位与作用。在建设高校内部质量保障体系中应该注重系统性和完整性。质量保障体系本身就包含对系统性和完整性的要求。要求将系统论、信息论、控制论、协同论等多学科的理念、技术、方法综合运用于高等教育质量管理，进而构建高等教育质量保障体系。高等教育质量是具有结构化的系统，要分析高等教育质量的影响因素，就要构造可观测、可分析、可统计、可量化、可操作和可控制的管理系统。"新文科人才培养通过学科重组、文理交叉，促进了多学科的融合与创新发展，其本质也是应用型人才培养"[①]。随着应用型人才培养越来越受到重视，高校也纷纷积极探索应用型人才培养路径，优化人才培养模式，改革

---

① 杨佩月，李运方，乔颖. 应用型本科高校新文科人才培养教学质量保障体系建设研究[J]. 创新创业理论研究与实践，2022，5（16）：133.

相应课程体系。

一、高校应用型人才培养的质量文化保障

应用型高校以本科教育为主，本科教育是高等教育的基础和根本，专业是人才培养的基本单元和基础平台。就全面质量管理而言，建立高等教育质量保障体系离不开全员、全过程、以学生为中心的质量文化建设。大学的质量文化是整个大学文化的组成部分。高等学校在传统的三大职能基础上，现在更强调与突出文化传承的职能，大学本身也是为文化的传承与创新而设立的，人才培养、科学研究与社会服务三大职能也为文化传承与创新提供载体。

由于对高校质量文化缺乏足够的重视和认识，很多应用型本科院校的人才培养还是定位于"制器"而非"育人"，没有把"制器"与"育人"统一起来。在具体建设中，仅把质量文化建设看成评估中的一个条件，缺乏全体师生的共同参与，或参与了也只是不明所以地参与，不能理解高校质量文化内涵与价值所在。质量文化的理念并没有较好普及和认同，自上而下重视程度不高，质量文化建设被边缘化。在这种情况下，更应该突显质量文化建设的重要性。创建高校质量文化保障的路径主要表现在以下方面：

第一，发挥高校理念的强大引领作用。大学是由相同的理念或理想，而非行政力量所形成的富有生命力的有机体。理念就是人们形成、信奉或遵从的一种系统化的思想或观点。大学理念就是人们对大学的本质及其办学规律进行认识的一种哲学思考体系，并得到信奉与遵从。大学是知识的共同体、学术的共同体、思想的共同体、文化的共同体、道德的共同体。大学是培养人的地方，教育是培养人的活动，高校教和学的主体都是人，这样的人还要引领社会科技等方面的改革与创新。这样的人首先要有理想与信念。要培养有信仰的学生，大学首先要有理念和信仰，一所没有理念和信仰的大学是培养不出有理念和信仰的学生的。一个大学的质量文化首先反映在这所大学的理念追求中，反映在师生对这种理念追求的执着中，反映在这种理念追求融入办学实践中。大学的理念是不能简单复制和模仿的，是大学独特的信仰和追求，体现大学独特的精神和气质，反映大学独特的文化。因此，创建高校质量文化保障要创建有个性特色、有凝聚力、有思想内涵的大学理念。文化决定了大学的深度，理念决定了大学的高度。有一种认识认为大学理念就是校训，羡慕、模仿知名大学的校训，部分大学也不乏似曾相识、排比工整的校训。但是，并不是有了校训就有了大学理念，部分高校模仿其他高校的校训，

但模仿不了其理念的内核，使校训成为挂在墙上、贴在门上的口号，这样的校训没有起到引领大学精神和创建大学文化的作用，是一种典型的形式主义，校训并没有成为大学理念的化身。

第二，建立健全质量制度。建立质量制度要体现大学理念，目标是把大学理念转化为可执行，可操作、可评价的行为准则和规范，这种行为准则和规范对保障教育教学质量到基础性作用。作为高校质量文化建设的重要内容，质量制度建设包括各项工作制度、责任制度、培训制度管理制度、评估制度、教学运行制度等，使学校核心价值观、教育理念与质量目标得到落实。各种质量制度必须建立在对工作流程科学分析、对岗位职责清晰界定、对工作内容明确划分、对在岗人员充分培训的基础上，否则质量制度很难落实。在制度设计过程中，不仅对质量文化保障建设工作涉及的各个环节、各个阶段加以规范化，还要对质量制度的子系统内容进行具体化。在注重"硬制度"建设的同时，还要关注"软制度"建设。"软制度"即指制度的执行力。目前。制度化的管理开始形成共识，但是"人事"的作用依然强大。离开"人事"来看制度，制度只是枯燥的条文，制度是随人事的变化而变化的。"硬制度"是成文成册的，"软制度"是刻印在人心中的，"硬制度"依靠"软制度"来落实。

第三，建立质量标准体系。质量标准是保证质量制度实施的前提与基础，是质量文化的具体体现，抽象的质量文化必然通过具体的标准，可行的制度和具备执行力的人共同实现。高等学校要以国家、国际教育质量规范和标准为指引，结合国情、校情制定本校人才培养各个环节的质量标准，通过标准制定反映理念要求，实现质量文化的创建与改进。

第四，建立质量文化教育培训机制。要让师生认同质量文化，首先要对师生进行质量文的教育和培训，形成培训机制，纳入师生教育培训内容。将质量文化教育与学生的思政教育相结合，将质量文化教育与教师新时代师德师风教育相结合，形成相互衔接、相互支持的质量文化教育内容。因此，师德师风准则中不仅指出质量环节，更体现质量要求，是高校质量文化建设的重要内容。

二、高校应用型人才培养的质量保障

应用型高校的教学质量保障体系设计除质量文化保障建设外，还包括教学运行机制建设、教学质量标准建设、教学质量监控建设和质量信息平台建设。

（一）教学运行机制

教学运行机制建设主要是保障正常教学秩序和规范教学活动，各高校根据本校的学科专业要求建立一套运行有序、规范有据、稳定高效的教学运行管理制度、办法，这些办法的制定、颁布、实施、修订、评价都在符合学校人才培养目标要求和质量标准的基础上，广泛听取教师和其他教学相关人员的意见和建议来进行。

1. 建设教学管理组织

教学管理组织建设是整个学校质量保障体系建设的龙头，是切实保障整个教学管理有序开展的基础。教学管理组织建设包括决策层、执行层和操作层。每一个层级承担的职责和任务不同。高校教学管理组织建设要高度重视各类专家委员会的建设和作用。特别是学术委员会、学位评定委员会和专业教学指导委员会，充分发挥专家治校、教授治学的作用。从本质上而言，高校是一个学术共同体，在这个共同体中，必须谨慎地保护学术自由，正确处理学术权力与行政权力的关系。大学的学术性使得大学不是一个平均主义的社会。高校的科层式的部分行政权力通过一定的制度设计让渡给学术权力，如职称评定、学术评价、项目评审等，以此保障学术权力在高校教学管理活动中的地位。

2. 建设教学质量保障运行机制

有了教学质量保障的组织机构、规章制度，还需要有教学质量保障运行机制，这个机制使整个教学质量保障体系运转起来，并发挥其功能与作用。教学质量保证体系的运行是通过专业建设、课程建设、实践教学管理、教学研究与改革、教风学风建设、激励奖惩机制和政策与制度体系等，来落实教学质量管理目标，并通过各项具体工作的实施结果和成效来检验教学质量。教学质量监控体系在运行过程中主要可以实现信息收集和信息反馈两大功能，并通过两大功能的实施，经由多种信息渠道来完成教学质量的监控和督导，达到强化教学管理、改进和加强教学工作之目的。

（二）教学质量标准

应用型高校教学质量标准是实施教学质量管理的基础性文件，它是关于本科教学活动或活动结果并反映本科教学质量的明确规定，也是实施教学质量评价的主要依据。本科教学质量保障体系建设，必须制定比较完整、详细、科学、规范、可行的本科教学质量标准，以在日常教学活动中准确、及时把握每一个教学环节的教学质量状态，做出科学的分析和评价，实现本科教学质量持续改进。在国家本科专业类教学质量标准基础上，制定人才培养方案质量标准、专业设置标准、课堂教学质量标准、实验教学质量标准、专业实习质量标准、毕业设计（论文）质量标准等。

（三）教学质量监控

构建与实施教学质量监控评价体系，是保障人才培养基础性工作的必需。教学质量监控评价体系的构建与实施，是学校整个质量保障体系的重要组成部分，可以从功能和结构上对教师教学活动进行全过程、全方位、全要素的评价和反馈，促进教师增加教学投入，重视提高教学质量，不断提高教学能力和水平。教学质量监控评价既为教师注入压力，也注入动力和活力，调动教师教学的积极性和主动性。同时，对教学诸环节进行多层次、多角度、全过程的质量监控和评价，可以准确诊断教学真实状况，及时发现影响教学质量提高的要素及其原因，从而对症下药，改进教学工作，提高教学质量。

教学管理大到理念、目标，小到制度、实施，需要在每个与教学有关的工作环节上建立起有效的质量监控和评估机制。其目的不仅是反馈教师教学质量，更重要的是反映整个学校教学管理活动状态及存在的问题，为持续改进教学管理提供依据。从专业设置，到课程建设，再到考试考查，教学活动中的每个环节以及对每个环节的监控，包括后续的评价、反馈，直至改进，形成一个封闭式的系统，其中监控与评价是重要的环节。

（四）质量信息平台

质量信息平台建设要与整个质量保障体系建设相结合，形成对质量保障体系的有力支撑；依据质量保障体系设计信息平台的数据来源，整合教师数据、学生数据、教学数据等，形成集中开放、统一模式的信息管理中心，当前，高校内部使用的信息平台很多。每项工作一个信息平台，既不方便数据资源共享，又造成多个数据来源，信息孤岛现象比较严重。因此，要打破部门壁垒，创建统一的质量信息平台保障数据质量，提高质量信息平台的效能。

第三节　高校应用型人才培养模式的质量监控

　　当前，以培养应用型人才为目标的新建应用型本科高校改革是我国高等教育体系在新的历史时期适应国内外环境新变化下的一项重要改革，有着深刻的宏观背景。下面以新建本科高校为例，阐述应用型人才培养模式的质量监控。

一、高校应用型人才培养模式质量监控环节

　　教学质量监控体系的日常运行管理由教务处和实验与实训中心共同负责。在三级纵向的教学管理组织机构中，校长、教学副校长以及系主任共同构成了重要的决策层。而横向教学管理组织机构则由教务处、实验与实训中心、教学督导以及评价办等部门协同合作，确保教学质量的全面把控。为实现教学信息的高效传递和教师培训的有效推进，学校采用了一套系统化的体系。学校党政联席会议、系主任会议、教师主题研讨会、全体教职工大会以及系级教研活动相互交织，形成了信息传递和培训的五大驱动力。此外，为进一步加强教学管理的各个环节，学校特别成立了教学指导委员会。该委员会承担着监督和指导教学管理不同层面的重要责任，通过专业性的评估和建议，为教学质量的持续提升提供了有力支持。

　　在教学质量监控的控制环节上，需要注意以下方面，如图 4-2 所示。

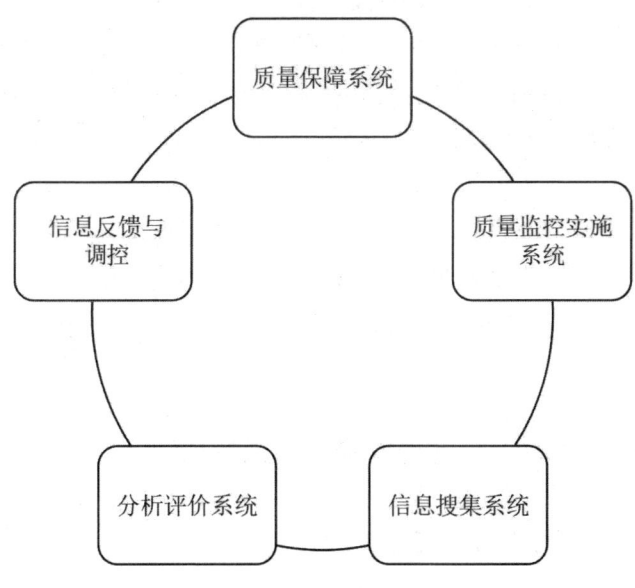

图 4-2　高校应用型人才培养模式质量监控环节

第一，质量保障系统。"教学质量保障系统由决策系统、监控组织、监控制度、质量标准和教学运行与管理五个部分组成，其职能是以提高教学质量为核心，以培养高素质人才为目标，把教学过程的各个环节、各部门的活动与职能合理地组织起来，形成一个任务、职责、权限明确，能相互协调、相互促进的有机整体"[①]。组织任务执行并明确质量目标是系统的基础。教学管理团队设定明确的目标，以确保教学达到高水平。

第二，质量监控实施系统。制定详尽的规章制度，明确监控内容和环节，确保教学各个方面都受到严密的关注。随后，不断调整和制定监控环节的质量标准，以适应不断变化的教育环境和要求。在教学过程中，这个质量保障系统发挥着重要作用。教学管理团队通过监控本科教学，确保教学活动的顺利进行。按时完成教学计划，以保障整体教学的正常运行。同时，积极推进教学建设、改革和研究，不断提升教学水平。

第三，信息搜集系统。为了收集全面的信息，教育机构采取多途径的方式，包括听课、督导、信息员、评教、问卷、信箱、座谈会等，以便对教学质量进行全面了解。

---

① 孙瑾. 新建本科高校应用型人才培养质量监控环节及保障机制 [J]. 经贸实践，2016（21）：269.

第四，分析评价系统。在此阶段，教学过程和效果会被根据规章制度、质量标准和评估方案进行仔细评价。这种分析评价不仅为教育机构提供了数据支持，还能为进一步的改进提供指导。教学管理团队通过这一阶段的工作，能够更好地把握教学质量的优势和薄弱点。

第五，信息的反馈和调控是质量保障系统的最后一环。通过分析教师和学生的问题，教育机构能够快速将反馈传达给教学运行和管理系统。他们能够制定相应的调整措施，确保教学过程得到及时的校正和优化。此外，校长办公会作为决策机构，将根据分析结果进行决策，而副校长和教学管理机构将负责具体的实施。

二、高校应用型人才培养模式质量监控机制

（一）各项管理规章制度的建立与完善

学校教学质量监控保障体系的有效运转是一个需要广泛参与的过程，远不仅限于少数领导的掌控。每一位领导、教师、同学以及后勤工作人员都应参与其中，共同确保教学质量的稳步提升。为了保障教学质量保障体系的有序运行，学校需着手建立一套完善的教学工作管理规章制度，以确保教学的各个环节都能在明确的规范下运作。

在学校的教学工作制度中，应涵盖以下五个重要方面：

第一，主讲教师准入、评价与考核制度应得到特别关注。这一制度应包括详细的教师资格认定与复查流程，以及对教学事故处理和年度教学考评的明确规定，从而确保每位教师都能够在专业素养和教学质量上持续提升。

第二，教学质量信息搜集与反馈制度是教学保障体系的重要组成部分。这一制度应包括多种手段，如定期教学检查、学生网上评教、中期检查、领导巡查、教师同行听课以及学生信息员的反馈等，以便全面了解教学过程中的问题并及时作出调整。

第三，教学评估制度在教学质量保障体系中具有关键作用。该制度应涵盖试卷和毕业论文的专项评估，确保考核工具和评价标准的客观性和公正性。

第四，学生培养质量评审制度需要从多个方面保障教学质量。其中包括对考试作弊的处理措施、违纪处分规定、毕业资格审查要求以及对毕业生的跟踪调查等，以确保学生在全面发展的基础上获得优质的教育。

第五，校院两级教学督导制度应当成为保障教学质量的重要手段。这一

制度应包括督导委员会的工作条例、督导研讨交流会的组织、教学督导简报的编辑等，以促进教师之间的经验分享和教学方法的不断改进。

（二）教学主要环节关键监控点的确定

教学质量保障体系构建是一项复杂的系统工程。在此过程中，决策、执行、评估以及反馈等环节的无缝衔接至关重要，然而偶尔也可能出现一些问题。为确保教学质量，实时监控显得至关重要，这有助于及时发现并纠正潜在问题。持续的监测使得可以随时调整保障体系，以保持其健康运行。要确保教学过程的稳定，关键监控点的设立变得不可或缺，这能够确保教育机构能够进行实时有效的监测。教学质量保障体系不仅是教育工作的基础，也是提高教学水平的前提，为学生提供优质的教育体验提供了坚实的支持。

（三）形成畅通的教学质量信息反馈网

从"事后把关型"到"事前预防型"，强调教学质量管理的预防为主原则。随着教育理念的发展，教学质量管理的理念也逐渐从事后把关转变为事前预防。在这一转变中，预防教学问题的发生变得至关重要，强调通过有效的管理手段和策略来提升教学质量。这一转变突出了教学质量管理的新方向，即在教学过程中积极预防问题的发生，以确保教育目标的顺利达成。

过程评价在教学质量管理中占据着重要地位，它强调对教学过程的实时监控和反馈，结合总结性评价与形成性评价。通过对教学过程的持续跟踪，学校能够及时发现问题，采取纠正措施，确保教学质量的稳步提高。同时，过程评价还有助于教师不断优化教学设计和方法，以更好地满足学生的学习需求。

为了促进教风、学风建设，稳步提高教学质量，学校不断加强教学过程管理。通过制定详细的教学计划、课程大纲和教材，确保教学的系统性和连贯性。此外，学校还注重教学方法的创新和优化，提供教师培训，鼓励教师参与教学研究，以提升他们的教学水平。

为了获取准确、可靠的教学信息，学校重视教学信息的多样性来源。学校建立了多渠道、多形式、多方位的信息收集途径，包括教学检查、专业评估与检查、课程评估、试卷评估、毕业论文（设计）工作评估等一系列质量监控活动。这些渠道为学校提供了全面的教学信息，从而为教学质量的提升提供了有力支持。

新建的应用型本科院校应当建立教学质量监控信息反馈网络。这一网络将教学监控与信息反馈有机结合起来，使监控数据能够更加及时地传递给相关部门，从而迅速采取措施。这有助于新建院校在起步阶段就能够确保教学质量的稳步提升。

为了全面监控教学质量，学校组织了一系列质量监控活动。教学检查、专业评估与检查、课程评估、试卷评估、毕业论文（设计）工作评估等环环相扣，构成了教学质量管理的多维度体系。通过这些活动，学校能够深入了解教学的各个方面，及时发现并解决问题。

教学督导委员会成员通过听课、评课等活动获取课堂授课质量信息；校院领导通过随机性抽样听课获取质量信息；而学生则通过网上评教和教学信息员制度参与质量监控，将他们的观点和反馈传递给教学管理部门。这种多方参与的信息获取机制确保了教学质量监控的全面性和客观性。

应用型本科院校通过多种渠道了解教学动态，确保教学质量符合标准，持续提高。学校通过不断的数据分析和总结，发现问题的根源并采取相应措施进行改进。同时，定期的培训和研讨会也为教师提供了不断进步的机会，从而保障教学质量的持续提高。

（四）采取多种措施进而加强过程监控

确保本科院校的教学质量，是一项至关重要的任务。为此，学校采取了一系列举措来建立有效的教学质量保障监控体系。学校定期召开教学工作会议，以确立明确的规章制度，以便为教学活动提供明确的指导和支持。此外，校领导亲自带队，进行开学教学检查、期中质量检查和期末考试巡视，以确保教学过程的顺利进行和质量的稳定提升。

为了更深入地检查教学质量，学校还实行了专项检查与评估机制。这包括对专业培养方案、师资队伍、实验室建设等方面的检查与评估，以确保各个环节都得到充分的关注和提升。同时，学校还加强了教学督导制度，通过听课和专项检查等方式，积极搜集教学信息，以便及时发现问题并采取相应措施加以解决。

为了保证毕业设计（论文）的质量，学校建立了全面的质量检查制度。从毕业设计（论文）的前期、中期到后期，都进行监控和检查，以确保每个阶段都达到高标准。这种全程监控的方式，有助于确保毕业设计（论文）质量的稳步提升，使学生毕业时能够具备扎实的学术能力和研究水平。

（五）积极构建全面的教学评估系统

　　全面且科学的教学评估系统在提升本科教育质量方面具有卓越作用，为此，教育部制定了本科教学工作水平评估方案，特别针对新建应用型本科院校，旨在构建一个系统完备的教学评估体系。该体系囊括了多个关键方面，包括教师课堂教学质量、课程设置、专业发展、学生评教反馈以及实践教学的评估。针对教师课堂教学质量，系统设定了明确的评价分类、标准、方法、时间、要求、结果，同时引入计算机网络评价系统进行管理，确保评价的客观性和科学性。此外，针对不同课程类型和对象，教育部设计了相应的教学质量评估标准，确保评估过程的针对性和适用性。

　　在课程评估方面，教学评估系统提倡科学、简便且高效的方法，旨在实现专业建设的全面推进。特别注重两个关键点，即专业特色和新专业的引入，以推动整体教育质量的不断提升。这种综合性的课程评估方法，有助于在保障教育质量的前提下，促进本科教育的创新和发展。

第五章　高校应用型人才培养模式的创新研究

第一节　基于智慧教育的高校应用型人才培养模式

随着科技的迅速发展，智慧教育项目正在逐步取代传统的生产和生活活动。过去依赖体力劳动的模式正在向更加多元化的方向演变，而在这一转变中，创新能力变得愈发重要。

现今，智慧技术的革新已成为社会的主流趋势。高等教育机构应当紧密关注应用型人才的培养，以确保他们能够适应未来社会的发展需求。这意味着高校需要将教育目标与智慧时代的趋势相结合，为学生提供实际应用能力，使他们具备在科技快速演进的环境中立足的实力。

高校教育正在发生深刻的变革，从以往注重纯粹的理论知识传授，转变为更加注重智慧创新能力的培养。这种转变强调培养学生的创造力，使他们能够在机器逐渐代替人类的职能的变革中找到自己的位置。高校应当注重培养学生解决问题的能力，鼓励他们在面对复杂的现实挑战时能够提出创新性的解决方案。

人才培养模式也在高校中发生着转变。学校越来越重视学生的创新能力，旨在使应用型人才具备核心竞争力。这种变革不仅仅关乎知识的传递，更强调学生的实际操作能力和创新思维的培养。通过项目驱动的教学和实践机会的提供，学生可以更好地将理论知识应用于实际问题中，培养出能够迅速适应市场需求的人才。

在智慧教育时代，高校的使命是培养个性化、创新型的高精尖应用型人才。这需要高校为学生提供更灵活的学习环境，允许他们在不同领域进行交又学习和实践探索，以培养他们的创新思维和跨学科能力。高校还应强调学生的主体地位，鼓励他们在学习过程中发挥主动性，从而更好地适应未来社会的变革。

高校智慧教育的深刻转型，贯穿人才培养的方方面面，涵盖人才培养环境、空间、方式、内容和教学管理等多个领域。高校逐渐迈入了应用型人才智慧教育的全新时代，其使命也愈发凸显——成为应用型人才培养的重要基地，肩负起培养社会优秀人才的重要使命。这种应用型人才教育旨在培养那些具备丰富专业知识和实际技能的个体，他们不仅能够进行创造性的劳动，还能够为社会的进步和繁荣做出积极贡献，是高能力高素质的劳动者代表。特别是在市场经济飞速发展和产业结构不断调整的背景下，我国对于应用型人才的需求日益攀升。尤其是在创新型国家建设的关键时期，对于那些富有创新精神和能力的人才需求更加迫切。

许多高校在追求地方经济发展的同时，也在不断努力培养应用型人才，从而促进地方经济的协调发展。然而，传统的教育方式和理念却对这一目标产生了一定制约。这种制约导致了高校在应用型人才培养方面存在定位偏差和质量不足等问题，使得所培养出来的人才与社会实际需求渐行渐远。

"智慧教育时代的到来，为高校应用型人才的培养质量的提升带来了新的发展机遇与高校如何在智慧教育时代背景下创新人才培养模式，提升应用型人才培养质量，成为众多高校不可回避的时代命题"[①]。

一、智慧教育时代高校应用型人才培养的途径

智慧教育具备明显的核心特点，其首要目标在于将教育融入智能化的框架中。为此，创设一个多元化且智能化的学习环境变得至关重要，这也意味着教育范式正逐渐从单纯的"教"向"学"转变。在这一新的环境下，学生的全面发展备受关注，特别注重培养自主学习和主动探究的能力。而随之而来的是教师角色的深刻变革，不再仅仅注重传授知识，更强调引导学生的学习过程，鼓励他们自主、自觉地合作学习。

智慧教育的教育使命在于扎根于育人的本质，强调人的全面发展和品德培养。为了实现这一目标，现代技术得到了广泛应用，信息技术的引入使得

---

① 卢建光．智慧教育时代高校应用型人才培养模式创新研究［J］．四川轻化工大学学报（社会科学版），2022，37（4）：88．

教学更加灵活多样，也促进了学生更加便捷、主动地进行学习。终极目标在于培养应用型人才，不再仅仅追求知识的堆砌，而是更加注重学生的实际应用能力。智慧教育时代高校应用型人才培养的内涵具体可以从以下三个方面进行理解，如图5-1所示。

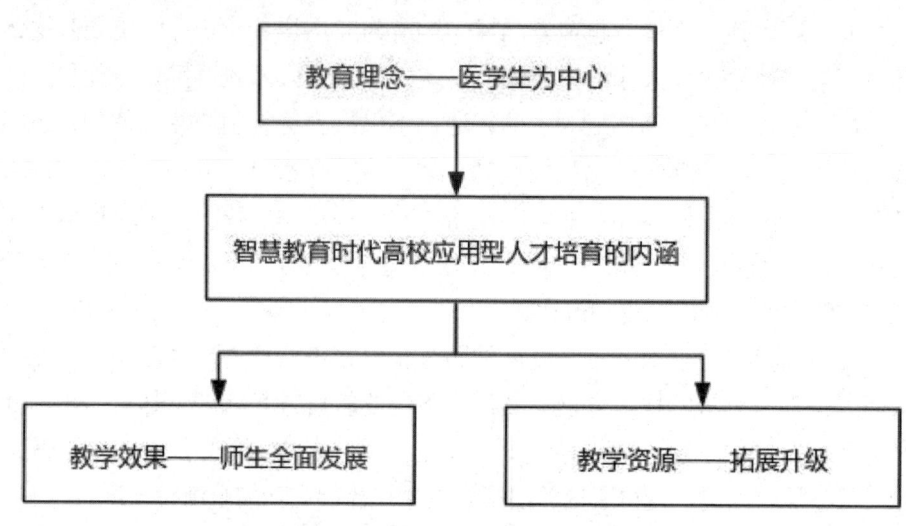

图5-1　智慧教育时代高校应用型人才培养的内涵

（一）教育理念——以学生为中心

在高等教育的今日，学生已然成为教学的核心理念。这一转变体现在全面发展学生知识、能力和品质的追求上。在智慧教育时代，这一理念更得以加强，旨在创造智能化的学习环境，激发学生的学习热情和积极性。

当谈及学生主体地位时，高校学子已不再受限于传统的听课模式。智慧教育的理念使得学生在课堂建设和课程参与中扮演主导角色。教师从以往的知识传授者转变为学生的引导者，强调培养学生的互联网自主学习能力和兴趣探索精神。

智慧教育的成就离不开高校教师的辛勤付出。他们是教育的核心主体，在智慧教育中具有至关重要的地位。教师需要明确教学方法、内容和目标，深度挖掘并扩展课程知识，以满足学生全面发展的需求。同时，教师也需要适应智能化技术的应用，了解学生的学习情况，引领教学不断更新换代。

智慧教育的推动并未改变教师与学生之间的主体关系。教师仍然是教育过程中的重要纽带，而智能化手段的引入则更进一步地融入了高校的知识空间。这种融合实现了跨越时空的知识传递，培养了更多应用型人才，推动了教育的不断发展。

（二）教学资源——拓展升级

在智慧教育的推动下，教育领域正经历着深刻的变革。首要之务是整合社会大数据和智慧教育技术，以优化并扩展现有的教育资源，这一整合为教育事业迈向智慧化提供了强有力的动力。

教育品质的提升成为智慧教育的核心目标之一。传统教材已被逐步取代，取而代之的是物联网、人工智能等信息化媒体，实现了教育资源的实时传输与展示。这种转变不仅丰富了课堂教学的资源，还显著提高了教学质量，为学生提供了更加生动和深入的学习体验。

与此同时，智慧教育也在促进学生间的互动和参与方面取得显著成效。丰富的教育资源激发了学生的积极性，同时也为学生提供了更多的自主学习机会。学生们在积极参与互动的过程中，不仅与知识更紧密地连接，还培养了团队合作和社交技能。

智慧教育在拓展教学环境方面也发挥着重要作用。传统的课堂被赋予了新的维度，与无限的网络环境相连，师生之间的交流得以更加丰富和立体。这种全面性的互动为知识传递创造了更加宽广的平台，使教学变得更加生动有趣，也更符合当代学生的学习方式。

智慧教育赋予了教育方式更大的灵活性。不断优化的教学资源使得教师能够采用更加灵活多变的教育方式，以更好地满足学生多样化的学习需求。这种灵活性不仅提高了教学的效果，也让教育更加贴近学生的实际需求，进一步推动了教育事业的可持续发展。

（三）教学效果——师生全面发展

智慧教育在学生与高校教师的全面发展中扮演着至关重要的角色。其首要目标是优化教学环境，使授课和学习过程变得更加高效和愉悦，从而促进教学目标的全面具体化。这一新兴教育方式不仅致力于传授知识，更推动了培养计划的创新。注重培养学生的应用能力和智慧，智慧教育倡导多元化的教育方式，从而为学生的全面发展提供了更广阔的舞台。

智慧教育在实现精准教学目标方面显得尤为重要。通过大数据分析，教师能够深入了解学生的接受能力和学习水平，进而个性化地制定有效的学习方案。这种精准性不仅有助于提高学生成绩，还有助于培养学生的自主学习能力和问题解决能力，为其未来的发展打下坚实基础。与此同时，智慧教育也在提升教师水平方面发挥着积极作用。它不仅提供了新的教学工具和资源，还促使教师不断学习信息化教学方式，从而塑造了更为智慧和高效的教师形象。

智慧教育强调教学相长的理念，旨在培养高精尖的应用型人才。通过智慧教育，学生不仅能够获得丰富的知识和技能，还能够培养创新思维和实践能力，从而更好地适应未来的社会需求。与此同时，智慧教育也为教师的职业发展提供了更多机会和挑战，激励他们不断提升自己的教学水平，进而实现师生双向的共同成长。

二、基于智慧教育的高校应用型人才培养教学模式

（一）高校应用型人才培养的教学理念设计

在智慧教育时代，高校应聚焦于培养应用型人才。这不仅包括将"智能教育"等技术融入教学，创新教育方法，更需突显以学生为核心的育人理念。构建以能力为导向、素养为基础、个性发展和合作培养为特点的人才培养模式，旨在培养全面发展的应用型人才，他们拥有高素质、强能力、精湛技艺，善于应用，涵盖德、智、体、美、劳各个领域。高校应用型人才培养的教学理念设计如图 5-2 所示。

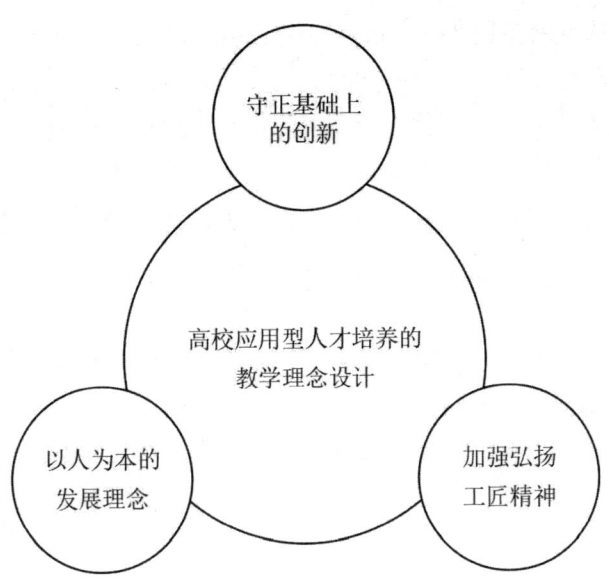

图 5-2　高校应用型人才培养的教学理念设计

1. 守正基础上的创新

在智慧教育时代，高校扮演着培养应用型人才的重要角色，而实现守正和创新的平衡则成为关键使命。"守正"的内涵蕴含着对初衷的坚守，高校需要明确智慧教育时代应用型人才培养的核心目标。为此，高校应充分借助智慧科技的力量，将课程设置与培养目标紧密结合，融合了互联网思维和实践操作，同时巧妙地融入思政教育元素。通过有机整合学术理论、前沿技术以及思政教育，高校构建起全面完善的教育体系，旨在培养出那些综合素质突出、实践能力卓越的应用型人才。

"智慧教育时代"中的"智慧"，注重的是培养创新型人才的模式。随着智能技术的日新月异，企业对创新能力的需求也日益增加。因此，高校应当将创新教学与智能技术相结合，着力培养学生的创新思维和素养。通过引导学生进行跨学科的探究与合作，激发他们的创造力，培养出富有创新精神的人才。

2. 加强弘扬工匠精神

工匠精神是中国文化中一颗璀璨的明珠，蕴含着爱岗敬业、精业乐业、匠德、匠知、匠心、匠技等众多要素，这些特质共同构成了一个令人钦佩的职业精神。这种精神在中国社会中一直被高度强调，被视为一种可贵的品质，对于塑造企业的发展质量和健康状态起着直接的影响。

尤其在高校学子中，工匠精神的弘扬传承显得尤为重要。这种精神不仅仅是一种职业态度，更是一种价值观念的传承。通过高校教育，培养学生们不仅仅是为了传授知识，更是要引导他们树立正确的人生观和价值观。工匠精神在这个过程中发挥着关键作用，它影响着这些年轻人的思维方式、行为习惯和职业选择。正是这种精神的传承，为中国企业的未来发展质量奠定了坚实的基础。

在高校应用型人才培养中，工匠精神被视为核心的教育价值。高校教育不仅仅是传授知识，更是要培养学生的实际操作能力和职业素养。坚守精益求精的品质，追求卓越，正是工匠精神所强调的。这种精神的传承，助力着高校培养出"大国工匠、能工巧匠"的人才，为国家的工业发展提供源源不断的动力。

尽管智能教育技术在智慧教育时代得到了广泛的应用，但工匠精神依然有着不可替代的价值。工匠精神强调的是行为传承、精神熏陶与传承，这是智能技术无法涵盖的领域。在这一点上，高校教师扮演着关键角色。他们通过言传身教，将工匠精神传递给学生，展现出大国工匠的魅力，体现了中国优秀能工巧匠的风采。

3. 以人为本的发展理念

在当今智慧教育时代，智能教育技术的蓬勃发展与跨行业融合，正在彻底颠覆传统的专业鸿沟。高校正积极探索创新，将学科交叉和知识共享融入教学体系。高校所肩负的责任已不再仅限于传授知识，更需要培养适应智慧化时代经济需求的高精尖技术型人才。为此，必须彻底改革过去的教学模式，培养出能够在复杂多变的环境中脱颖而出的复合型人才。

在制定培养方案时，教师们应摒弃过于专业化和狭隘的学科化思维，从更宏观的角度考虑，注重顶层设计，将以人为本的理念融入教育过程，旨在促进学生综合能力的全面发展。这种培养理念强调智慧化，鼓励学生在不同领域间进行跨界思考，以更富创造力的方式解决问题，培养出真正具备综合素质的人才。

此外，高校需深化应用型人才培养模式的改革，以适应智慧教育时代的需求。这包括通过实践教学、项目合作等方式，培养学生的实际操作能力和团队协作能力，使他们能够在真实场景中灵活运用所学知识。这样，应用型人才将能够更好地适应现代社会的变革和发展。

（二）高校应用型人才培养的教学资源设计

在智慧教育和大数据的融合下，培养应用型人才的目标是造就具备正确价值观、积极行动力、高品质和巨大创造潜能的专业人才。高等教育机构通过智慧教育手段，针对应用型人才，主要关注这些方面的培养：传授专业理论知识、培养社会实践技能、激发智慧创造力。因此，在智慧教育时代下对高校应用型人才培养的教学资源设计由以下三个方面来阐释：

1. 融合多渠道的教学内容

在应用型人才培养方面，现代教育强调将理论知识有机转化为实际工作能力，促使学生更好地适应职业发展。然而，高校教育中出现了一些问题：一是部分高校存在"重理论轻实践"的教育方式，导致学生虽然理论基础较强，却在实际操作能力方面显得欠缺；二是另一些高校则偏向"忽视理论、重实践"，可能造成学生只具备操作技能，而缺乏深入思考和创新的能力。理论与实践并不是相互排斥的，而是相辅相成的关系。理论知识为实践提供了坚实的支撑，而实践经验则能够更好地提升理论的深度和广度。因此，高校应该在培养学生的同时，注重培养他们的实践能力，实现理论与实践的有机结合。

随着智慧教育时代的到来，传统的教育模式也在发生变革。为了创造更加多维度的教学环境，学校开始利用智慧教学设备，构建跨空间的教学平台，以便师生之间进行更加便利的交流和互动。这种多维化的学习感受超越了传统的时空限制，为学生提供了更加丰富的学习体验。网络渠道在这一进程中发挥着重要作用。学校可以整合来自不同渠道的教学内容，实现课堂教学的多元化。同时，利用数字互联网技术，学校可以呈现虚拟的实践情境，让学生在虚拟场景中进行实践教学，从而提高他们的主动参与度。这一变革也影响到了教师的角色。教师从传统的主讲人角色逐渐转变为主持人和串联者的角色，在课堂上不仅传递知识，更重要的是引导学生进行实践，提供实用的知识素材，培养学生的实践能力和创新思维。

2. 构建共享智慧教学资源

在智慧教育时代，网络上涌现出众多丰富的在线课程教学平台，其中诸如智慧树和教师直播课程等，已成为高校教师们宝贵的教学素材来源。这为教师们提供了一个广阔的视野，使他们能够更加灵活地构建自己的教学内容。高校教师不应仅仅满足于使用现有资源，更应积极探索并充分利用在线教学资源，以建立一个高效共享的知识平台，从而更好地促进学生的学习主动性。

在这种新兴的教育模式下，高校教师们可以通过在线线下融合的教学方式，有效减轻教师的压力，为他们留出更多的自主学习时间。这种融合教学方式也有助于促进教师与学生之间的交流互动，从而更好地培养学生的综合发展。教师们应该充分利用线上资源，将教学延伸到线下课堂，创造出更具创意和互动性的教学体验，让学生在实际操作中获得更多的知识和技能。

高校在培养人才方面也需要不断适应产业的需求。为了更好地满足社会对应用型人才的需求，高校应该与企业密切合作，将产业需求融入课程设计和教学过程中。这不仅需要教师具备扎实的实际技能，还需要不断改进学科体系，使之更加符合实际应用。与此同时，高校与企业之间的沟通合作也需要进一步加强，以确保人才培养的有效对接。

然而，许多应用型院校的教师可能面临技能和科研方面的限制，这可能影响他们在培养学生方面的能力；与企业合作不足以及政府支持不足等问题也可能制约高校的发展。为了应对这些问题，有必要加强政府对高校的支持，提供更多的经费用于师资队伍的培训和学科建设。高校还可以引入培训计划，提升教师的实际应用能力，并积极推动校企合作政策的实施，促进产学研的深度融合，从而推动应用型人才培养的持续改革。

3. 创建智慧教学资源平台

在智慧教育的浪潮下，高校正积极探索一种融合虚拟与现实空间的创新教育方式，以突破传统校园的限制，将教学延伸至网络空间，构建了线上线下、网上教学相结合的全新模式，为应用型人才的培养注入了更丰富的内涵。

为了充分发挥互联网的功能，教师们借助智能网络平台，积极收集并传送多样化的网络课程资源，采用引人入胜的三维教学模式来呈现教学内容，从而激发学生的学习主动性，使课堂变得生动有趣，丰富了授课内容的形式与内涵。这一新的教学方式不再局限于传统的线下教学场所，而是将教室延伸至虚拟的网络空间，为学生提供了更加自由、灵活的学习环境。同时，远程互动也成为这一教育模式的重要特点。通过网络平台，师生可以实现远程疑难解答，有效地加强课堂互动，提升了教学效果。学生们可以在不同的地点参与到同一堂课程中，分享自己的思考和疑惑，获得及时的反馈和指导，进一步加深了对知识的理解和掌握。

教师们积极构建了教育资源共享平台，为学生提供便捷的学习资源检索途径。学生们可以根据自己的学习情况，随时检索所需资料，突破传统教材的限制，实现了学习资源的共享和共同创造。这一平台不仅节省了物质空间，也实现了学习时间和空间的随时随地的延伸，为学生的终身学习奠定了坚实的基础。

（三）高校应用型人才培养的教学体系设计

高校应用型人才培养体系的优质与否，直接关乎着应用型人才的培养以及整体高校教育供给侧的改革。在这一进程中，精准理解并贯彻《中国教育现代化 2035》的愿景，以及深刻领会教育部提出的《关于本科教育改革提升人才培养质量的意见》的精神，显得尤为重要。光有理论框架还不足以确保实际成效。政府在教育政策的积极落实上扮演着关键角色，其支持和引导对于推动应用型人才培养体系的建设至关重要。在整个规划过程中，必须充分考虑社会经济发展的规律，以确保所培养的人才在未来能够精准地满足应用型人才的质量和数量需求，从而与国家发展保持紧密的衔接。

当今智慧教育时代的来临，培养应用型人才的任务也随之发生了转变。除了专业知识和技能外，应用型人才还需具备更强的综合素养，以适应日益复杂多变的社会需求。因此，高校在培养过程中应当注重培养学生的创新能力、团队合作精神、跨学科思维等多方面素养，以塑造适应未来挑战的优秀人才。

为了实现这一目标，高校应当在教学体系、教学方法、教学资源等方面进行有针对性的设计。特别是在教学内容的构建中，应充分融入应用内涵，将理论与实际紧密结合，引导学生通过实际问题的解决来不断提升自己的应用能力。此外，教学方法的创新也至关重要，高校可以借助现代技术手段，为学生提供更丰富多样的学习体验，培养其在不同场景下灵活应用知识的能力。

1. 构建智慧教育时代下的教学体系

在推进强国梦、建设创新型国家的征程中，我国正积极迈向智慧教育时代，为实现这一伟大目标，高校扮演着举足轻重的角色。在这个新的时代背景下，高校的任务已经得到了重新定义。其使命之一便是更加专注于培养应用型人才，注重在学生身上培养出思维能力、创新能力和实践能力，以满足国家发展对高素质人才的迫切需求。

在智慧教育时代，高校肩负着重要使命，需要重新审视其培养模式。传统的知识传递和实验室技能传授已不再足够，高校应更加注重应用型目标的实现。为此，顶层设计是关键。高校需要根据经济社会的实际需求，重新构建应用型人才培养模式，进行系统的教学方法、目标等方面的修订，从而提升人才培养的效果，使其更好地适应智慧教育时代的要求。

在这一新的培养模式下，课程设计成为关键环节。高校应用型人才培养的课程应以培养创新能力为核心目标，将学生置于学习的中心地位，注重培养实际能力。这种以能力培养为基础的课程设计，能够实现学生的全面发展和素质提升，使其真正成为适应未来社会需求的有用之才。

课堂教学也需要进行相应的调整和创新。高校课堂教学方法和内容应当持续地进行优化和改进，以能力培养和智慧塑造为出发点。同时，还需与社会实践技能需求相结合，设计实践导向的课程体系，确保学生能够在课堂中获得与实际工作相关的知识和技能。

高校课程设置体系也需要在智慧教育时代下进行重新构建。这一体系可以被划分为基础知识、能力培养和智慧养成三个层面。这三个层面相互交织、环环相扣，从浅入深，形成一个多元创新的教学框架，推动着教学改革的不断深化。

2. 推行智慧教育时代下的教学方法

在智慧教育时代的背景下，高校正面临着培养应用型人才的重大使命。为此，高校校应当着眼于一系列关键点，以确保其培养出适应现代社会需求的毕业生。首要的关键点之一，便是教学方法的转变。传统的教学模式强调理论知识的灌输，而在新的教育环境下，高校应当将焦点从纯粹的理论学习转向理论与实践的有机结合。这种方法的核心在于培养学生的应用能力，使他们能够将所学知识运用于实际问题的解决中。

在构建新型人才培养模式方面，高校需要精心设计全新的课程体系，着重培养学生的实践能力和应用知识。这包括在课程设置中融入更多的实际案例分析，鼓励学生进行实践操作和项目开发，以更好地锻炼他们在实际工作中所需的技能。然而，在强调实践能力的同时，高校也应当保持对基础理论知识的教授，以确保学生具备坚实的学科基础。

智慧教育平台在培养应用型人才方面具有重要作用。高校应充分利用这些平台，采用问题式与任务式教学的相结合方式。通过提前发布教学内容与问题，学校可以激发学生的思考和研究欲望，从而促进他们的自主认知能力。同时，这种方式也为学生和教师之间的互动交流提供了机会，学生可以提出问题，与教师进行深入的讨论，从而加强师生之间的互动感知。

个性化教育是另一个至关重要的关键点。高校应当根据学生的自主学习情况，制定个性化的课堂目标，并采用针对性的教育方法。这有助于满足不同学生的学习需求，提高教学的效果。与此同时，任务式学习也应得到强调。高校可以通过布置课下任务，要求学生根据所学理论知识进行实践操作，从而锻炼他们将理论转化为实际应用的能力。

问题式学习与任务式学习相互补充，形成一个循环往复的教学模式。高校应当不断地调整教学安排，加强师生互动，以提升教学的针对性和实效性。

3. 建设智慧教育时代下的教师队伍

（1）合作性技术培养。通过高校与企业以及不同高校之间的合作，教师的技术能力将得到有针对性的培养。这种合作有助于促进技术成果的转化与产教融合，让教师能够更好地在智慧教育时代中投入实践。网络信息技术的应用在教师队伍建设中占有重要地位。高校与企业的合作不仅限于教学考评，更体现在教师在校企工作环境中的深度融入。通过这种融合，教师将拓展自身的综合素质，不断调整并丰富教学方法，以更好地迎合智慧教育的需求。

（2）实训课堂建设。高校与企业技术部门的紧密合作有助于打造更具实践性的课程环境。学生将有机会参与企业教学活动，这不仅为他们提供了更丰富的学习体验，也促进了高校教师的应用实践能力的培养，让他们更具亲身企业实践经验。

（3）招募优秀的企业技术管理者加入教师队伍。这些技术管理者可以参与教育培训，甚至担任高校教师，从而实现双师型队伍的建设。这一举措将有助于更好地培养应用型人才，为社会提供更具实用价值的专业人才，也将推动校企合作不断深化与完善。

第二节　基于数字经济的高校应用型人才培养模式

近年来，我国高等教育事业快速发展，培养了大批人才，为提高劳动者素质、推动经济社会发展和促进就业作出了重要贡献。此外，"数字经济是以数字化的知识和信息为关键生产要素，以数字技术创新为核心驱动力，以现代信息网络为重要载体，通过数字技术与实体经济深度融合，不断提高传统产业数字化、智能化水平，加速重构经济发展与政府治理模式的新型经济形态"①。

一、基于数字经济"三位一体"联动的应用型人才培养模式

（一）"三位一体"联动的应用型人才培养模式及其途径

为了更好地适应数字经济的发展和地方本科高校的转型发展，我们在长期日常教学和社会实践的基础上探索构建了"导师制模式 + 传帮带模式 + 校企联合模式"的"三位一体"联动的应用型人才培养模式，该模式致力于培养学生的学习能力、创新能力、实践能力和社会适应能力，使其更适应数字经济发展的时代背景。

以经济学专业为例，实现"三位一体"联动的应用型人才培养模式的基本途径主要有三点：一是贯彻导师制模式，成立经济学工作室，加强经济学专业教师和学生之间的联系。二是贯彻传帮带模式，成立经济学创客协会，加强高年级或比较有经验的学生和低年级或相对缺乏经验的学生之间的关系。三是贯彻校企联合模式，成立校企合作基地，加强对口企业与学生之间的关系。三种途径之间是相互影响、相互作用、联动发展，共同促进经济学第二课堂对创新型人才的培养作用。

（二）"三位一体"联动的应用型人才培养模式的实施对策

"三位一体"联动的应用型人才培养模式的实施对策主要包含以下方面：

---

① 郭娟．数字经济背景下地方本科高校"三位一体"联动的应用型人才培养模式探索与实践——基于大学生第二课堂的视角［J］. 宿州教育学院学报，2022, 25（1）：15.

如图 5-3 所示。

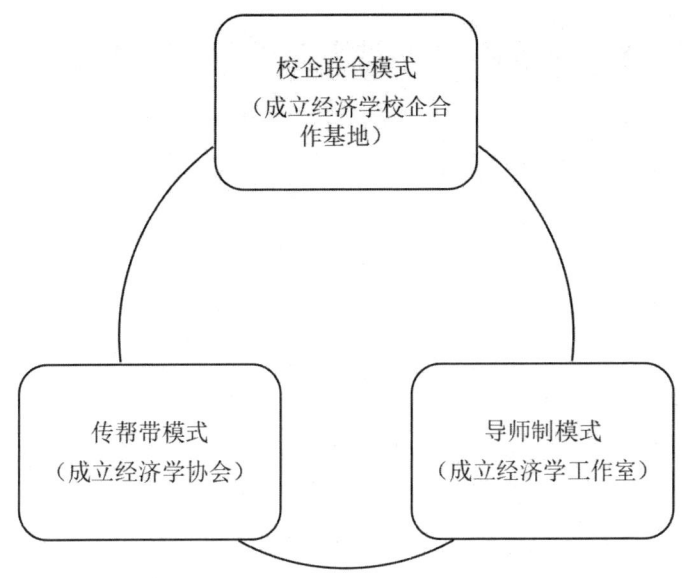

图 5-3　"三位一体"联动的应用型人才培养模式的实施对策

第一，导师制模式（成立经济学工作室）。经济学工作室由两部分组成：一是经济学教学团队的教师，二是经济学专业中积极性较高、学术能力较强的学生。教师主要负责课下为学生答疑解惑、指导学生撰写学术论文、指导学生参加各类学科竞赛等；学生积极参与指导教师的项目研究，在教师的指导下独立撰写学术论文、开展各类科研活动、参加各类学科竞赛。

第二，传帮带模式（成立经济学协会）。经济学创客协会成员包括两部分：一是高年级或者比较有经验的专业学生，二是低年级或者缺乏经验的专业学生。高年级或者比较有经验的专业学生主要负责联系教师开展经济学讲座、为低年级或没有经验的学生进行相关课程难点辅导、学科竞赛指导等；低年级或者没有经验的专业学生积极参与高年级或者有经验的学生的讲座、指导，积极参加各类学术活动，积极参加各类学科竞赛。经济学创客协会的成立、运行全部由学生自己负责，能够锻炼学生的综合能力，同时发挥良好的传帮带的作用。

第三，校企联合模式（成立经济学校企合作基地）。经济学校企合作基地成员包括两部分：一是经济学对口企业，二是经济学专业学生。对口企业主要负责开展企业家进校园、交流会等加强和专业学生的交流；学生应积极参与相关企业举办的活动，对应自身不断提升综合素质。鼓励高校与企业共同发展，促进高等教育的社会化、企业化对接。

二、创新创业思维与高校数字应用型人才培养模式

随着我国市场经济的不断发展，科教进步和信息技术的广泛推广，市场对人才的需求正在发生深刻的变化。其中，创新创业与数字应用型人才成为市场的迫切需求。高校教育在这一背景下，亦需紧密结合市场需求，进行人才培养模式的调整，以满足日益多元化的人才需求。

为了适应市场的变化，高校教育正在积极调整人才培养的模式和课程体系。在这个过程中，构建实践教学体系变得尤为重要，通过实际操作和项目实践，培养学生的创新创业思维和数字应用能力。创新创业思维的培养，不仅注重学生的批判性和创造性思维，更强调解决问题的能力，以适应充满机遇和挑战的互联网经济时代。

在培养创新创业与数字应用型人才方面，需要根据市场变化不断调整课程设置。教育内容需要与信息化、智能化的需求相匹配，使学生能够具备在数字化环境下工作和创新的能力。这种人才培养模式的调整，不仅能够使学生更好地融入市场，也能够为市场提供更为适应现代发展需求的人才。

在创新创业思维的培养过程中，培养学生的批判性思维、创造性思维和问题解决能力尤为关键。这种能力的培养，不仅能够使学生更具创新力，也能够让他们更好地应对市场的变化和挑战。

高校教育与市场需求的紧密结合，不仅有助于提升学生的就业竞争力，还能够为区域经济社会的发展提供坚实的人才支持。通过培养创新创业与数字应用型人才，高校教育可以在更大程度上满足市场需求，促进人才的流动和交流，进而推动整个社会的创新与发展。

创新创业思维与高校数字应用型人才培养模式的构建如下：

（一）明确人才培养的目标要求

在高校人才培养的使命下，一系列有力的举措正在被采纳，以确保培养出符合时代需求的优秀人才。首要之务是明确各专业的培养目标，紧密对接市场需求和创新创业的迫切要求。这意味着要深化教育内涵，重点培养数字应用型人才，以满足迅速崛起的数字经济对人才的渴求。

为了实现这一目标，高校正在积极展开教学改革与创新。教学模式和课

程规划正在经历调整和优化，紧密围绕培养目标展开。同时，教学管理也在融入创新创业教育，旨在提升学生的创新、沟通和数字应用能力，使他们能够在竞争激烈的职场中脱颖而出。

实现高校人才培养目标需要将教学内容与实践有机结合。教学过程中，创新创业思维正在被有机融入，科学教学内容被精心挑选。同时，新颖的教学模式不断涌现，包括案例分析、实验模拟、专题调研等，这些模式的应用有助于激发学生的学习兴趣和实践能力。

信息化技术在高校教育中的应用也成为一项关键举措。网络平台的建设已经成为必然趋势，它不仅促进了创新创业和数字技术的接触，还实现了教学资源的整合，使得在线答疑、交流、分享和自主学习成为可能。而新兴的云端培训平台更是将智能化教学资源开发推向了一个新高度，学生可以根据自身需求随时选择课程内容，实现随时随地的学习。

高校探索建立虚拟仿真实验平台，这个平台将为实践课程提供有力支持，增强了师生之间的互动性。通过这种方式，学生们能够更加深入地体验创新创业过程，提高他们的创新创业意识和数字应用能力。

（二）充分完善学校教学基础

如今，高校在面对快速变化的社会环境中，迫切需要深入了解市场对人才的需求变化，以便调整其教育与培养策略，以更好地满足市场需求，提高毕业生的就业竞争力，同时为区域的可持续发展作出贡献。

为了培养学生具备创新创业思维，高校应该积极提供相应的环境与支持，通过规划课程设置和校企合作，为学生们营造一个鼓励创新的氛围。通过这样的努力，高校不仅能够赢得社会各界的支持与参与，还能够培养出更多具备创业精神的人才，为社会的发展注入源源不断的活力。高校应该加大基础设施的投入，建设现代化的教学设施，甚至建立仿真实验室，以引导学生们进行实践与学习。这样的实践教学模式不仅能够提高学生的综合素质，还能够帮助他们更好地将所学知识应用于实际问题的解决中，为将来的职业发展打下坚实的基础。

在教师队伍建设方面，高校应该着力培养"双师型"教师，这意味着教师既要有扎实的专业知识，又要具备创新能力和丰富的实践经验。高校可以通过不断提升教师的综合素质，促使他们更好地将理论与实践相结合，将最新的行业动态融入教学中，从而培养出更符合市场需求的人才。

（三）构建立体化的实践教学体系

在创新创业思维与数字应用型人才培养模式的引领下，高校教学工作迎来了一系列关键的发展点。首要之举是构建实践教学体系，以弥补过去教育中实践经验匮乏、单一形式等问题。为此，高校应着手建立立体化的实践教学体系，鼓励学生参与多元化实践活动，架构完善的实践基地，引导学生与企业合作、进行实践培训以及实习，以实现产学研融合的教学模式。这种方法不仅为学生提供了丰富的资源和职位，也增强了他们的实际操作能力。

创新创业活动在高校教学工作中占有举足轻重的地位。通过有组织的创新创业活动，高校创造了一个培养创新思维的平台，为学生提供更多参与机会。通过参与这些活动，学生得以全面了解创新和创业的本质，逐渐培养起创新思维，并在实践中积累宝贵的经验，不断提升自身的综合素质与能力。政府与社区的合作是另一个关键要素。政府作为龙头，积极引导高校与社区、企业合作，共同打造更为完善的实践区域。这种合作不仅拓宽了学生参与实践的途径，还丰富了他们的实践经验，增强了他们的实际操作技能。同时，这种合作也为高校提供了更多实践教学的资源，促进了实践教学体系的不断完善。

为了更好地培养适应市场需求、愿意积极参与创新创业的人才，高校还需将创新创业思维与数字应用型人才培养融入专业课程。在科学规划和设计课程的过程中，要充分考虑本专业的特点和人才培养需求，将创新创业的理念贯穿其中。这样的做法不仅使学生在专业知识上得到丰富，还使他们具备了创新创业所需的心态和能力，为未来的职业发展奠定了坚实的基础。

第三节　基于校企合作的高校应用型人才培养模式

近年来，中国传统制造业正迎来一场智能化的深刻变革，这一发展受到了科教兴国、智慧中国以及中国制造 2025 等重要战略的全力推动。与此同时，高等教育也在不断调整自身定位，朝着更加应用型的方向转变，旨在紧密贴合制造业智能化的紧迫需求。然而，智能制造带来的挑战使得高校面临着新的使命，迫切需要培养出应对智能化制造的高素质技能人才。为了提升高校人才培养的质量，单纯依靠学校内部的资源已不足够。因此，高校逐渐意识到，与外部资源的合作变得尤为重要。

在这一背景下，校企合作模式成为了满足人才培养需求的一项重要途径。这种合作模式有助于将学生的学习与实际应用相结合，使其更好地适应智能制造领域的挑战。《国家中长期教育改革和发展规划纲要》更是明确指出，"要创新高校与企业、行业、科研院所联合培养的人才机制"。"通过校企合作模式，形成高校和企业的利益共同体，在育人模式、培养手段、人才流动等方面密切合作，推进产学研深度融合，为区域经济发展提供强大的人才保障和智力支持"[①]。

一、校企合作与应用型人才培养概述

（一）校企合作的认知

校企合作在开展高职教育中扮演着至关重要的角色。其核心理念是以市场和社会需求为导向，以培养学生的全面素质、综合能力和就业竞争力为目标。在这一合作模式中，高职院校与企业之间实现了双环境的有机结合，通过将课堂教学与实际工作相融合，培养出适合用人单位需要的高级应用型人才。产学合作是校企合作的基石，双方共同参与其中，企业需求指导着教育的方向，而学校则致力于培养适应市场需求的人才。这种双向参与的模式不仅促进了教育与实际需求的紧密结合，还有助于解决人才供需矛盾。

在实施过程中，校企合作强调将工学结合，通过顶岗实践等方式使学生能够获得真实的工作经验。这有助于学生更好地理解实际工作环境和流程，为他们未来的职业发展做好准备。与此同时，校企合作的一个重要目标是提高学生的全面素质，使他们能够更好地适应市场经济对人才的需求。这种合作模式不仅注重传授专业知识，还强调培养学生的创新能力、团队合作能力以及问题解决能力，以使他们在职场中能够更加出色地表现。

校企合作在高职教育中具有重要的意义：第一，它能够有效地解决人才供需矛盾问题。企业的参与可以使教育更加贴近市场需求，从而使培养出的人才更具竞争力和实用性。第二，校企合作有助于准确定位教育目标。通过根据企业的需求进行调整，学校能够更好地培养出适应市场的人才，提高教

---

① 范浩阳. 校企合作背景下高校应用型人才培养模式分析 [J]. 人才资源开发，2021（21）：60.

育的针对性和灵活性。第三，这种合作模式还能够拓宽学生的就业途径，将学习指导与就业指导相结合，为学生创造更多的就业机会；第四，校企合作有助于形成高职教育的办学特色。通过与企业紧密合作，学校能够更好地培养学生的实际动手能力和理论基础，使其在职场中能够迅速适应并胜任工作任务。这种特色不仅能够增强高职院校的市场竞争力，还能够为学生的职业发展提供有力的支持。

（二）应用型人才培养

1. 应用型人才培养的途径

应用型高校要根据应用型人才培养的要求，有效实现既定的人才培养目标，应着力推进以下方面的工作：

（1）设置面向行业产业发展的应用型学科、专业。设置符合地方经济发展方向、布局合理、适应行业与产业发展需要的应用型学科、专业，是实现应用型人才培养目标的重要前提。因此，应用型高校必须紧紧围绕应用型人才培养目标来设计学科、专业建设。

（2）精心构建彰显应用型特色的课程体系。课程体系是人才培养模式中的关键环节，是学生知识、能力、素质形成的有效载体。因此，建构科学的课程体系，是应用型人才培养必须解决的关键问题。

（3）着力构建突出能力培养的实践教学体系。应用型人才培养的教学特点是建立以培养能力为本位的教学体系，教学目标是使学生毕业后胜任生产一线实际工作的需要。

（4）高度重视提升应用型人才的综合素质。应用型人才是一种素质高、能力强、知识广的人才，因此其培养不仅要重视学生的知识和能力建设，还要高度关注素质提升。素质就是一个人把从外在获得的知识、技能内化为自身稳定的品质与素养的程度，从本质上讲主要是思想品质和精神素养。作为高素质的应用型人才，其素质的高不仅表现为程度高，还应表现出结构内涵的综合性，即一种综合性的高素质。此外，为了切实提高应用型人才的培养质量，必须统筹考虑构成应用型高校人才培养目标体系的三大要素——知识、能力、素质的关系，在人才培养方案中高度重视素质培养内容的落实，多渠道拓展学生的素质培养，有效促进知识、能力、素质的协调发展，切实提升应用型人才的综合素质，特别是要突出思想道德素质培养。

（5）建立校企密切合作的人才培养机制。工作岗位和就业市场越来越重视人才的应用能力和工作经验，这就要求学生在校期间进行现场工作的模拟训练和积累实践工作的经验。为解决这些问题，建立健全校企合作人才培养机制是应用型人才培养的重要举措和根本途径，是密切高校和产业界的联系，使应用型人才培养主动适应经济社会发展的新要求。目前，成功的高素质应用型人才培养无不以密切的校企合作形式来实现。例如，美国的四年制工程教育，以"工学交替式"为途径培养应用型人才，大学生在校学习和到企业实践实训交替进行；英国也运用"工学交替式"培养应用型人才，通常采用"2+1+1"（四年制，即前两年在学校学习，第三年到企业工作，第四年再回到学校学习、考试，取得毕业证书）和"1+3+1"（五年制，即第一、五年任企业工作，第二、三、四年在校学习）两种学制；德国应用型人才培养实行的也是"工学交替式"，四年制八个学期，一般有两个学期在企业学习和实践。这种"工学交替式"能够有效推动大学生面向产业的学习、面向职业资格证书的学习、面向情境的学习、面向工作的学习、面向研究项目的学习以及面向生产任务的学习，促进高素质应用型人才的培养。

（6）努力打造有丰富实践经验的教师队伍。教师是教育活动的一项重要主体，因此在高校培养应用型人才的过程中，也必须要注重对师资队伍的建设，这是塑造应用型人才的关键。因此，在高校开展应用型教育的过程中，必须要注意具备专业教育资格的教师要达到一定比例。获得这些优秀教师资源的途径主要有两种：第一，加强对在职教师的继续教育，不仅要在教师实践中提高他们的专业教学技能，同时还要为其提供参加应用性课题研究的机会，增加教师的教学经验。第二，可以聘用一部分兼职教师，然后根据他们的实际教学效果不断对其进行调整。现代科学知识发展日新月异，导致高校内的专职教师在专业知识和技术方面跟不上时代的要求。因此，这就需要高校在外部聘用一些专业技术很高的兼职教师，保证学生可以掌握最新的知识和技术。

2. 应用型人才培养的机制

（1）应用型人才培养机制的改革。通过应用型人才培养机制的改革，实现从学科导向的"课程体系"向专业导向的"模块化课程体系"转变；从"知识输入"到"能力输出"的转变。"按照人才培养模式多样化的改革设计，进行本科人才培养方案的制定、教学大纲修订、课程简介编印等，并付诸实施，能有效促进全校的教学改革"①。

（2）应用型人才培养机制的创新。在应用型人才培养领域，创新机制正日益成为高等教育的当务之急。为满足社会需求，高校积极探索新的培养模式，以培养更加适应社会发展的人才为目标。这一创新努力从多个角度展开，首要之处在于以社会需求为出发点。高校紧密对接社会产业，将培养目标定位为满足市场对应用型人才的迫切需求。为此，他们强化了综合素质教育与应用技能培养的双重目标，努力使学生具备扎实的理论基础，同时能够在实际工作中灵活应用所学知识。这一机制创新同时也关注培养学生的实践、应用、就业、创新与创业能力。学校通过实践项目、实习经验等方式，使学生在真实场景中锻炼自己，从而更好地适应未来职业发展。此外，高校将学生的成长和发展置于核心位置，引入先进教育理念，通过拓展学生视野，培养他们的创新思维和创造力。这一创新机制的运作也不再局限于传统的课内教学。高校积极跨足课内外，关注社会的持续发展需要。他们积极与企业、研究机构等合作，将实际案例纳入教学内容，确保学生所学知识与现实需求相契合。而在人才培养模式方面，高校也努力打破传统模式，建立起创新性的人才培养模式。这一模式突出了应用内涵，使培养过程更加贴近实际工作，更具有针对性。

第一，引入 OBE（Outcome-based Education）教育模式。OBE 教育模式强调学习结果，关注学生在学习过程中所达到的实际能力。高校采用 OBE 模式，通过实际能力评价，更加准确地衡量学生的技能水平。预期学习成果的设定使教学过程更加递进，提高了教学的有效性和效率。这一模式不仅培养了学生的应用技能，也使他们更具有自主学习和问题解决的能力，为未来的职业发展打下坚实的基础。

第二，建立创新型人才培养模式。在创新型人才培养模式的建立方面，高校充分考虑社会人才结构和需求。他们通过分层次培养，注重培养学生的核心能力，使不同层次的学生都能得到适当的培养。在课程安排方面，高校合理安排课程，强调学以致用，使学生在学习过程中就能将所学知识应用于实际问题的解决。特别地，高校注重应用能力相关课程的设置，以提高培养质量。

为了促进创新型人才培养，高校将实践性课程与理论相结合，通过实际

---

① 周洪波，周平. 高校应用型人才培养机制创新研究 [J]. 高教学刊，2017（19）：19.

操作培养学生的创新能力。这种结合不仅有助于加深理论的理解，也能够让学生更好地理解知识在实际应用中的价值。最终，高校制定了创新性的人才培养模式，通过对教育过程的全面革新，提升了培养质量，为社会培养了更多具备创新能力的应用型人才。

（三）校企合作下应用型人才培养的设计

为做好应用型人才培养体系设计，必须要结合学校的实际情况、发展定位、培养目标来进行。在进行应用型人才培养体系设计时，一定要牢牢坚持应用型的特点，防止设计成研究型、技术技能型人才培养。但是，同样不能把三种类型的人才培养截然对立起来，认为研究型就不能有应用型的要求，技术技能型就不能有研究型和应用型的要求，要用对立统一的观点来看待三种人才培养类型之间的关系。研究型、应用型、技术技能型共处于一个连续统一体之中，彼此之间既有区别，又有联系，只是程度上的差异。研究型中也可以包括应用型、技术技能型的要素，同样，技术技能型中也可以包括研究型和应用型的要素。因此，在进行应用型人才培养体系设计过程中，既要反映应用型的特点，也要兼顾研究型、技术技能型的要素，使整个体系设计更符合学生发展、企业用人、学科逻辑等方面的要求。

1. 应用型人才培养的总体设计

（1）人才培养的总体设计原则。一是本科原则。本书只讨论本科阶段的应用型人才培养，没有涉及研究生阶段和专科、职业教育的人才培养。因此，在进行总体设计和子体系设计时只针对本科学生的教学环节、过程进行设计。二是评估原则。应用型人才体系设计要符合三级质量标准认证即基本质量标准认证、国家质量标准认证和国际质量标准认证评估要求。高等学校按照国家要求必须参加三级专业认证评估，构建与评估认证相适应的质量标准体系，这也是设计高等学校质量保障体系的基本要求。

（2）人才培养的总体设计思路。一是体现"以学生为中心"。在应用型人才培养体系设计过程中，坚持"以学生为中心"的个性化人才培养要求。根据建构主义学习理论，以学生为中心的教学方法，目的是帮助学生进一步深化知识观念。为改变已有观念，学生需要自己建构他们的知识结构，为此学生必须积极参与课堂教学。我们习惯使用的传授范式的教学也称为"三中心"即"以教材为中心，教师为中心，教室为中心"模式，这种教学模式历史悠久，影响力大，但并非唯一。"以学生为中心"即以学生发展为中心，以学生学习为中心，以学习效果为中心，以学生为中心的教学体系设计要以实现学生的发展为目标，通过课程结构和教学组织促进学习效果的提升。二是遵循 OBE 理念。坚持和体现学习结果导向的 OBE 理论进行人才培养体系设计是落实"以学生为中心"的重要体现。学生到高等学校学习是通过课程学习来认识学习目标和完成学习任务，应构建基于结果导向的人才培养体系，依据学生成长与发展导向，根据利益相关者需求反向重构课程体系并确定教学内容，"反向设计、正向实施"

（3）人才培养的能力导向培养。在进行应用型人才培养体系设计过程中，应始终关注学生能力的培养，以能力培养为主线，贯穿人才培养全过程，组合人才培养各要素，形成相互支撑和联系的体系框架。

应用型人才能力培养，既要关注一般的能力（如学习能力、发展能力、智力能力等），也要关注某一方面具体的能力（如沟通能力、职业能力、创业能力等）。根据 OBE 结果目标导向理念，通过"反向设计、正向实施"以学生能力培养为目标，通过应用型人才培养定位形成人才培养目标，毕业要求支撑培养目标实现，课程体系支撑毕业要求实现。能力是促使个体在工作中有卓越表现的个人特质，其包含可见的能力如知识和技能，也包含潜隐的能力如个人特质和动机等。能力的培养贯穿个体发展始终，从出生开始，个体就在通过各种学习活动来塑造自身的能力。由于大学的有限性，在人才培养过程中通过三种能力模型来确定能力结构维度：①胜任力模型，这一模型在人力资源管理领域应用广泛；②专业能力模型，是在标准、资格能力层面建立通用能力模型，不同国家的劳动部门、企业等关注这一模型的应用；③评价学生学习结果的能力模型。

对于高等学校而言，培养的大学生作为"发展中的人"，是进入职业领域的"预备军"。因此，不能只关注某一领域或情境（职业岗位），以资格、胜任力或学习结果进行衡量。由于大学生职业发展具有更多的可能性。大学生能力培养既需要"超越"某一领域，又需要"在"某一领域。"超越"某一领域是指培养大学生的通用能力，"在"某一领域是指培养大学生的专业能力。这两种能力的培养是相互促进的，通过专业能力的培养促进通用能力的形成，反过来，通过通用能力的形成更好地培养专业能力。

高等学校人才培养需要根据学生发展社会需求、经济发展情况等因素对学生能力要求进行分析，通过能力模型构建学生能力维度。同时，应认识大学生能力模型即使有共同的元素或维度，但其内容因时空不同而呈现差异。

每个地区、学校、专业都可建立自己的能力模型。是一个共性与个性相结合的、动态的、不断发展的过程。高等学校要清醒认识到，建立能力模型要体现和反映社会需求，指导学生发展成长。能力模型建立的目的，作为支持质量持续改进的工具，为人才培养提供依据和遵循。通过建立能力模型，帮助学生在大学中获得成功，为职业发展和个性发展奠定基础。

从个体发展角度来看，人的基本能力主要包括三个方面：个体理性能力，运用工具能力，适应环境能力。个体理性能力主要反映"认识自己"的能力，体现的个体尊崇道德及追求真、善、美价值观等理性追求的意愿，是人的最根本本质。运用工具能力是一项既古老又现代的能力，人类活动的基本特征就是有意识、有目标地发明并运用工具，其中语言工具是最具代表性的工具，这是其他动物所没有的。通过语言的沟通与交流，通过文字的保存与传播，人类文明得以继承和发展。因此，运用工具能力是人的基本能力之一。适应环境能力在此特指适应社会环境变化的能力，包括人类社会和科技发展带来的职业环境的变化、政治环境的变化和人文环境的变化，需要个体掌握更复杂、多元的能力，示意性地按专业能力与通识能力进行了划分，要求在培养过程中充分体现两种能力的培养要求，通过课程设计和教学内容设计达成两种能力的培养。在实际工作过程中，各高校要对办学理念、学校定位、发展历史、所在区位和战略目标等进行综合研究与分析，形成学校人才培养的学生能力结构维度，并以能力结构形成为目标导向，来逆向构建整个人才培养体系。

在整个人才培养体系中，三个子体系至关重要，涵盖了学校建设的方方面面，即课程体系、教学保障体系和质量保障体系，这三个子体系既相互独立，又相互支撑。课程体系包括课程类型、课程结构、课程关系、课程安排、课程标准、课程评价等内容。教学保障体系包括队伍建设、学科专业建设、资源条件建设、制度文化建设和平台基地建设等内容。质量保障体系包括质量文化、教学运行机制、教学质量标准、质量信息平台、质量监控机制等内容。

人才培养体系的建设与设计，要坚持顶层设计与各部分设计、各层级设计相结合，通过顶层设计指导各部分设计、各层次设计，通过各部分设计、各层级设计支撑顶层设计目标的实现。

2. 应用型人才培养的实践教学设计

实践教学在培养学生的认知、问题解决、操作技能以及创新能力方面扮演着至关重要的角色，它的存在不仅推动了知行合一的教育理念，更在知识转化的路径上搭建起坚实的桥梁。实践教学体系的构建以培养优秀人才为核心目标，通过深思熟虑的系统理论和方法，将各个要素有机地融合在一起，从而实现了与传统理论教学相互促进的教育体系。这一完整的实践教学体系蕴含着目标、内容、管理、条件和评价等要素，而其中目标被视为其核心所在，它不仅为整个体系的结构和功能提供了基础，更在很大程度上影响着其他要素的运作和效果。对于应用型本科高校而言，实践教学的目标聚焦于能力培养和职业素养的展现。在这样的指导思想下，教育者们致力于设计一套有机的知识、能力和素质结构，以更好地满足学生日后职业发展的需求。

在这个体系中，内容的构建也显得尤为重要，教育者们在注重基础知识传授的同时，还将注意力转向了能力培养的方向。他们创新性地设计了内容，力求使之与实际应用紧密结合，为学生提供更丰富、更贴切的学习体验。评价体系的创新同样不容忽视，教育者们采用多元化的评价手段，旨在全方位地了解学生的学习成果和能力水平。

（1）实践教学目标。实践教学目标作为人才培养目标的延伸，其确立紧随人才培养目标之后，旨在支撑后者的达成。特别在应用型高校中，实践教学目标扮演着重要的角色，彰显了该类高校培养应用型人才的独特特质。在整个培养过程中，实践教学目标则扮演着重要的关键角色，贯穿始终。其所蕴含的意义亦不容忽视，因为正是这些目标，为学生的职业发展奠定了坚实的基础。在实际应用中，学生通过实践教学目标的引导，能够不断锤炼自己的能力，逐步成长为具备实际操作技能的应用型人才。

第一，实践教学目标的设计原则（表5-1）。

表5-1　实践教学目标的设计原则

类别	内容
知行合一原则	知行合一指认识事物的道理与在现实中运用此道理是密不可分的。知与行的合一，既不是以知来代替行，认为知便是行，也不是以行来代替知，认为行便是知。知行合一是中国古代哲学中认识论和实践论的命题。不仅要认识（"知"），尤其应当实践（"行"），只有把"知"和"行"统一起来，才能称得上"善"。在实践教学中也要体现知行合一的精神与原则。从理论上、道理上明白的"知"并不是真知，更达不到"良知"的程度，还要通过实践才能达到真知程度和良知的境界。实践就是"行"的过程，是将科学的理论付诸实践的过程，是对科学理论的检验与创新过程

类别	内容
理实一体原则	实践教学体系要与理论教学体系相互融合，同步设计，同步实施，同步评价，与理论教学体系共同达成人才培养目标。这就要求理顺理论与实践类课程之间的关系，既不能重理论轻实践，把实践课程作为理论课程的补充，也不能重知识轻应用，把实践课程简单设计为对理论的一般验证。而是应该根据人才培养的能力、目标、要求，科学合理地设计理论与实践课程的时间顺序和空间环境
应用创新原则	应用型人才培养的目标不仅是简单地应用原理、工具，更强调在复杂工作项目中创造性地应用原理工具。这种"创造性"具体体现在四个方面：①新的工作任务使得原部分原理、工具的应用条件变化了，不能简单套用了，需要对原理、工具本身进行再研究、再开发才能应用到新的工作任务中；②新技术的出现，替代了老技术，在工作中需要应用新技术，而新技术的原理是学生没有学过的，需要再学习；③新的问题不能靠单一的原理、工具解决，而是需要集成性原理、工具才能解决；④复杂的问题需要跨学科专业的原理、工具才能解决，需要跨学科专业的学习能力。根据这几种情况，在实践教学过程中要进行针对性训练，使学生加深对应用创新的理解
综合训练原则	综合性实践教学项目不仅是理论上的综合，还要体现科学与人文的综合历史与未来的综合、国内与国际的综合、应然与实然的综合。无论是理工科还是文科毕业生，在面对复杂问题时不是依靠某种能力的训练就能解决，需要体现综合素养与能力，这种能力只能在具体的工程或项目实践中来训练。一项工程设计、一个产品研发，都不可能只考虑技术的先进性、可行性，更多还要考虑市场性、客户性、经济性、可持续性等非技术因素，这些非技术性因素通常决定了工程、产品、项目的前途和命运。所以，学会综合，掌握平衡，甚至是妥协，才能实现整体最优，获得整体和长远就是一种综合能力

第二，实践教学目标的建构原则（表5-2）。

表5-2　实践教学目标的建构原则

类别	内容
系统性原则	实践教学目标建构重视系统性原则，不再片面强调知识自身的逻辑性，而是与学生的认知过程、认知结构相联系。在关注理论教学系统性的同时，不应忽略实践教学系统性。应用型人才培养的实践教学目标应该体现"知识融合、工程实践、应用创新"的目标要求，通过具体分解目标的设计来促进"知行合一、理实一体"总体目标的实现

类别	内容
渐进性原则	实践教学目标要体现从初级到中级再到高级，从个别到综合，从感性到理性，从现在到未来的渐进式要求，这也是学问逻辑、认识逻辑和教学逻辑的客观要求。换言之，实践教学目标体系建构需要考虑理论知识的建构过程，需要考虑学生的认知发展过程，考虑不同的教学阶段，包括不同教学阶段的内容、深度、广度等方面，使整个专业实践教学目标形成一个从未知到已知、从简单到复杂、由表及里、循序渐进、不断深化的体系
可行性原则	实践教学目标体系的构建需要具备可行性，要使实践教学能够落实到实践教学活动过程中，完成实践教学内容，要从学生认识事物的表象到探索事物发展变化规律这个过程出发，综合考虑师资、资源、平台的可行性。应用型本科院校实践教学目标体系构建需要在客观条件、对象条件的基础上考虑实践教学实施的可行性

第三，实践教学目标的建构分类（表5-3）。

表5-3　实践教学目标的建构原则

类别	内容
总体目标	应用型人才培养实践教学的总体目标是从整个人才培养目标出发，构建包括通识基础能力、职业基本素养、岗位就业能力和职业发展能力在内的多层次实践教学目标体系，最终实现"知行合一、理实一体"的总体目标。通过对人才培养目标的要求，将"知识融合、工程实践、应用创新"所要求的能力素质进行分析，针对这些素质能力要求提出相应的实践教学能力目标体系。将整体目标分解成基本素质、专业基本技能、专业技术技能、专业综合技能等子目标，构建时间上前后贯通、空间上相互支撑、内容上全面系统、环节上相互衔接、层次上逐步提升的实践教学目标体系
能力目标	从能力培养看，实践教学目标可以分为基础能力、综合能力、创新能力三个层次。基础能力主要是指通过实践教学活动，促进学生将教材中的理论基础知识运用到实践中，培养学生基本的动手操作能力，明确实践操作基本过程等。该能力培养在大学一、二年级开展，主要通过实验、实训等方式，由浅入深、由易到难逐步锻炼学生的实践操作能力。 综合能力主要指培养学生整合学科专业知识，解决一般工程或综合项目的问题，达到一般的综合项目实践目的的能力。学生需要通过合作性学习与实践来完成综合性项目，促使学生在学习过程中学会有效学习、互相合作与交流。该能力主要在大学三、四年级进行提升，通过生产实践、学科竞赛、社会调查等方式组织开展。创新能力是指通过实践教学使学生自主学习教师未讲授却需要应用的知识或技能，完成复杂工程或项目，解决复杂工程或项目中的问题，培育学生的批判、反思和创新精神，培养学生学习掌握新方法解决新老问题的能力

类别	内容
层次目标	实践教学的层次目标可以分为初级、中级、高级三个层次。初级层次主要反映和满足学生的基本技能与能力的需求和训练；中级层次主要反映学生应用知识、转化知识的能力培养与训练；高级层次主要反映学生综合知识和创新知识的能力培养与训练

（2）实践教学内容。实践教学内容是实践教学目标任务的具体化，将实践教学环节（实验、实习、实训、社会实践等）通过合理配置，以基础能力、综合能力和创新能力培养为主体，按初级、中级、高级等层次，循序渐进地安排实践教学内容，将实践教学的目标和任务具体落实到各个实践教学环节中，让学生在实践教学中掌握必备的、完整的、系统的方法和技能。

第一，理论教学以应用为目的。理论教学要以应用为目的，以必需、够用为度，以讲清概念、原理，强化应用为教学重点，改变过分依附理论教学，片面追求理论深度、难度、广度的状况，建立相对独立的实践教学体系，实践教学在教学计划中应占有较大比重。

第二，建立校企联合教学机制。在应用型人才培养过程中，尤其要注重与企业合作建设实践教学基地，充分利用企业的技术、场地、设备、市场等资源培养应用型人才。关键是与企业建立深度、实质性合作的长效机制，形成命运共同体、利益共同体，得到企业真正的支持与帮助，这一点尤为困难也尤为重要。校企合作是应用型人才培养类型特征的根本要求，离开了企业参与，应用型人才就失去了特色和动力。虽然从办学形式看还是学校本位制，但企业要素在应用型人才培养过程中体现得更加显著。由于学校本位制的办学形式决定学校内部的组织架构是按学科建制办学，而不是按专业群、产业链结构设置院系，要求学校主动对接企业，而不是企业主动对接学校，使学校的人才培养与企业的人才需求间形成匹配。应用型人才培养的高校，不能把企业合作视为可有可无，而应视为重要的战略合作伙伴。

第三，构建三学期制实践教学。为完成实践教学内容，现部分两学期制的学期安排存在时间不够的问题，两学期制教学周基本在42周（含两个考试周），随着实践教学要求的提高，在两学期制内完成上述全部实践教学内容，有必要拓展实践教学的时间。为提高实践教学的质量和效果，可以在大一、大二、大三的暑期设置小学期，从而实现三学期制的教学模式改革。从企业需求看，企业还是欢迎学生到企业实习的，但面临的一个现实困境是企业生产是连续的、周期性的，现在一般到企业两周的实习很难满足企业需求，对学生而言也达不到实际岗位的工作训练要求。在大三暑期安排更长时间的企业实训可以更好契合企业需求，也能更好达到实践教学效果。

第四，推行实践教学三学分制。应用型人才培养高校可以推行"三学分"（理论课学分、实践课学分、创新创业学分）制。学校对每一类学分提出最低要求，而且各类学分间互换有具体要求，总体上是实践课学分可以用来置换专业理论选修课学分，但不能用理论课学分置换实践课学分，增强学生对实践教学的重视。

二、校企合作下高校应用型人才培养模式的构建策略

（一）建设双师双能型师资队伍

在推动人才培养模式改革的道路上，双师型教师培养显现出强大的推动力。积极探索并优化教师结构路径，已成为这一改革的关键策略之一。为此，引入行业知名的专业人才以及来自企业一线的技术和管理人才，充当兼职教师或专业课程建设顾问，有助于教师团队的多元化发展。

人员构成比例的调整也是促进双师型教师培养的重要步骤。通过鼓励教师前往企业实习，采用定期选派和周期轮训等方式，特别是针对技能型专业教师和中青年教师，为他们提供赴企业交流的机会，不仅有助于丰富教师的实践经验，还能够提升他们的教学水平。

为了确保双师型教师具备实际操作能力，建立完善的教师技能认证体系势在必行。通过这一体系的建设，可以提高"双师双能型"教师的比例，从而让教师在实际教学中能够更好地运用所学知识。

导师指导体系在培养双师型教师中扮演着关键角色。聘请行业一线的技术人员担任年轻教师的导师，通过一对一结对子的方式进行个别指导，不仅可以传授实际经验，还能够建立教师业务成长档案，为青年人才规划出更加清晰的成长轨迹。

将赴企业代职经历和"双师双能"认证资质纳入绩效考评体系，无疑能够增强教师的积极性和参与度。在职称评聘、职务晋升、薪酬激励以及教学评优等方面，这种倾斜将激励更多的教师积极投身于双师型教师培养之中，从而为人才培养模式改革提供源源不断的动力。

（二）搭建校企综合实训的平台

高校与企业之间的紧密合作与沟通对于培养高质量的应用型人才至关重要。为实现这一目标，高校应积极倡导校企联动，建立长期稳定的沟通机制，确保企业在专业建设、课程设计、实习实训以及考核评估等环节中发挥积极引领作用。同时，资源整合与合作平台的建立也是关键一环。高校需要有效整合校企优势资源，创立与实际需求相符的综合实训平台，并设立专门机构来进行管理。政策和资金方面的支持也应确保校企合作得以顺利进行，从而为应用型人才的培养提供必要的支持和硬件保障。

教学模式与流程的协调同样至关重要。内部教学模式应与企业的操作流程和规范保持一致，以提升人才培养的质量。这种协调不仅可以降低企业入职培训成本，还能够实现校企互利共赢，夯实应用型人才培养的目标。最终目的是以目标导向的方式进行人才培养。根据企业岗位的知识结构需求，高校应设计符合实际需要的人才培养方案，强调实际效果和针对性，以提高教育质量和实效性。

（三）优化产学研实践教学体系

在教学体系的构建中，学校运用 OBE 教学理念，对教学方式与内容进行了全面的调整。特别强调了实践能力的培养，以此提升实践教学的地位，使其成为课程体系中不可或缺的重要组成部分。为了更好地培养专业人才，学校积极引入了行业企业参与，使其参与专业人才的培养和课程设计。这一举措将课程划分为校内的理论学习和校外的应用实践，并巧妙结合了过程性评估和技能考核。为了更好地满足用人单位的需求，学校不断收集各方面的意见建议，并将其作为重要参考。同时，与企业的交流得到了进一步的加强，建立了就业跟踪反馈机制，借助技术手段来详细分析学生的就业信息。整个人才培养过程贯穿着实践教学理念，优化了课程目标和教学方法。学校积极探索翻转课堂、MOOC 等创新方式，以提升教学效果，同时也拓宽了学生的知识体系。

（四）优化学业导师制度

在推进教育改革的道路上，许多高校正积极探索现代学徒制，以不断加强学生与实际生产实践的紧密结合。其持续推进学徒制的举措，旨在为学生提供更广阔的发展空间。同时，学校在优化学业导师制度方面也取得了显著成效。新的学业导师制度的确立，更加有效地促进了学生综合素质和创新能力的提升。

学校进一步创新，将大一新生有机地分入学习小组，并为每个学习小组配备校内教师以及来自企业的专业技术人才作为学业导师。这一举措有力地促进了理论与实践的融合，帮助学生更好地将所学知识应用于实际问题的解决中。在导师与学生之间，一对一的沟通模式被采用，从而更加个性化地协助学生适应大学生活，建立个人学习档案，并提供学习方法和职业规划的针对性指导。

学业导师不仅仅在学业方面提供指导，他们根据学生的个人素质和兴趣，也提供关于留学、就业、考研等方面的专业建议。此外，他们还积极推动学生参与科研和社会实践，培养科学精神和人文素质的全面发展。

为了确保学业导师的质量和效果，学校制定并完善了导师考评制度。这一制度不仅包括网上评教，还作为评优评先的重要参考，经过人事管理部门的审核备案，确保了制度的透明公正。

（五）构建创新创业人才培养模式

创新性思维能力被认为是培养应用型人才的不可或缺的素质，同时也是校企合作下教育转型的迫切要求。在这个背景下，双创能力的培养成为一项重要任务，这一过程促使学生能够将抽象的理论知识与实际操作相结合，从而全面提升他们的综合素质。

为了贯彻这一双创理念，学校积极搭建起大学生创新创业基地、众创空间等平台，将双创理念融入教育的全过程。通过专业建设、课程设计、人才培养以及平台搭建等多方面的努力，学校致力于激发学生的创新创业热情，引导他们不断探索和实践。

在校园中，一种浓厚的创新创业氛围逐渐形成。师生们积极分享创业故事，树立校友典型，还组建了各种双创社团，以各种方式鼓励更多人参与双创比赛。其中，"挑战杯"、大学生"互联网+"创新创业大赛、"创青春"全国大学生创业大赛等活动更是成为校园中一道靓丽的风景线，不仅展示了学生们的创新成果，也弘扬了校园双创文化。

第四节　基于思政育人的高校应用型人才培养模式

一、基于"三全育人"的应用型高校思政育人模式

高校思政教育工作在学生的成长发展中发挥着关键性作用，对于学生的价值引领、服务意识培养、使命担当培育等具有重要作用。"三全育人"是高校贯彻落实立德树人根本任务、培养德智体美劳全面发展的社会主义建设者和接班人的重要理念，通过全员、全过程、全方位育人，引导学生坚定理想信念，树立正确的思想观念和价值观念。这为进一步加强和改进高校思政教育工作提出了新的要求。为此，在"三全育人"理念指导下，应立足应用型高校的人才培养目标，充分结合学生成长特点，构建与"三全育人"相匹配的体系化、系统化的思政育人模式。

（一）层次育人结构在思政育人中的作用

在高校思政育人体系中，培养人的核心在于明确育人主体的关键作用。需深入发掘高校思政育人的主体，以为学生的思政教育提供更多引导与支持，从而推动育人工作向着扎实、多元和全面的方向发展。整合学校内的育人主体资源，加强教师的育人作用，发动同龄学长学姐的引导作用，挖掘具有代表性的育人典型，实现育人主体的多样性。针对应用型高校培养实践型和技术型人才的特点，构建"教师传授、同辈引导、典型启迪"的分层次育人模式，从而确保育人工作在不同层面都得以展开并取得成效。

第一，注重教师引导，恪守育人初心。在高校思政育人体系中，教师的引导作用显得尤为重要。专任教师、辅导员以及班级导师各自在育人工作中扮演不同的角色，紧密协作共同推进育人事业的蓬勃发展。

专任教师在"思政元素内嵌专业教学"的模式下，将思政育人与课程教学相融合。他们不仅传授学科知识，更注重培养学生正确的世界观、人生观和价值观。通过深入浅出的教学方法，专任教师引导学生理解知识背后的伦理道德，培养学生的社会责任感和公民意识。

辅导员在大学生思政教育中扮演着骨干的角色。他们以坚守工作原则为

准绳，注重人文情怀，不断提升自身学科素养。辅导员采取集体、分类、针对个体的教育方式，旨在促进学生全面而个性化的发展。他们与学生建立密切的联系，以引导和关怀为主要使命，帮助学生处理成长过程中的各种问题和挑战。

班级导师在整个育人体系中拥有重要地位。通过组织班会、主题活动等形式，班级导师向学生传递积极向上的教育理念，激发学生的自主学习和创新思维。与学生的亲近交流使班级导师能够更好地了解并引导学生的思想与心理变化，从而有针对性地进行个性化辅导。

第二，发挥朋辈力量，达成共鸣共识。朋辈力量在教育领域中，以其独特的魅力和感染力，成为引导学生成长的有效手段。朋辈教育作为一种由相似背景、语言或年龄的人分享信息、观念和技能以实现教育目标的方式，具有深厚的实用性和影响力。

在高校思政育人的过程中，朋辈力量展现出其直观性、感染力和说服力，能够更加贴近学生的生活和思想，从而更好地传递积极价值观和思想认知。社团、学生组织等作为朋辈教育的平台，具备强大的感染性力量，能够通过成员之间的交流互动，促进共鸣和共识的达成，从而有效引导学生的行为和思维方式。

第三，树立典型榜样，激发向上潜能。典型教育以其感染力和说服力，成为引导学生的重要手段。通过向学生展示一些具有杰出品质和成就的典型人物或事迹，可以有效提高他们的思想认识和情感共鸣。这些典型人物或事迹不仅易于被师生接受，还能够激发学生的情感共鸣，使他们在情感上与之产生共鸣，进而受到启发和激励。同时，为学生创造专属荣誉和学习榜样，也是培养学生积极向上态度和努力拼搏精神的重要方面。这些荣誉和榜样不仅是学生努力的目标，更是鼓舞他们奋发向前的动力。

典型榜样具有强大的力量，不仅能够鞭策学生不断进取，还能够激发他们的爱国情怀和远大理想。典型榜样的成功经验和崇高品质，为学生树立了一个可以追求和崇尚的目标，使他们能够在学习和生活中保持积极向上的态度。这些榜样不仅是学术上的楷模，更是思想和道德的楷模，通过学习他们的优点和精神，学生能够更好地培养出高尚的情操和追求卓越的品质。

（二）思政育人工作中的内容与创新形式

育人阵地在思政教育中具有至关重要的角色。多样性的育人阵地为丰富思政教育内容和创新形式提供了广阔的可能性。在挖掘和利用育人阵地资源方面，努力充分发挥这些资源的潜力，旨在巩固、开辟和加强育人阵地，以实现更有效的思政教育目标。同时，探索创新的方法，发挥学生社区、基地等育人阵地的独特效用，通过不同的途径和方式全面展开育人工作，实现思政教育的全面发展。

在社区阵地的思政育人中，有着深远的影响。充分利用社区阵地，构建起一个生活园区，尤其注重宿舍楼宇的育人效果。通过志愿活动等方式，积极实施党性教育和劳动教育，使学生在实践中增强党性修养和奉献精神。在楼宇社区内建立党团活动室，开展党课活动，促进交流互动，使党的理论知识与学生实际生活相结合。此外，设立党员先锋岗，发挥党员的服务和奉献作用，以典范引领其他学生，形成积极向上的育人局面。

基地育人在专业性方面发挥着重要作用。应用型高校充分利用基地，将思政元素融入实验、实习等活动中，使学生在专业实践中培养思想品质和价值观。基地育人具有明显的专业场域性，强调学生的实际操作能力，让他们在真实环境中锤炼自己的专业技能。基地育人也是劳动教育的重要场所，注重培养学生的实际动手能力和团队合作意识，使他们更好地适应社会的多样化需求。

红色教育基地在思政育人中具有独特的地位。作为思政育人的主要基地之一，红色教育基地通过深入参观红色场馆、了解红色故事等方式，培养学生的家国情怀和责任意识。学生们在感受历史的同时，也能够增强对理想信念的坚守，激发他们为国家和社会的发展贡献力量的决心。

（三）系列育人共同体下的应用型高校人才培养

作为培养学生成长的重要内容，思政育人涉及众多方面，需要精心策划育人计划，全面挖掘育人要素，以促进学生的全面发展。在应用型高校中，思政育人更加强调应用型人才的培养目标，致力于培养德、智、能兼备的人才，使他们不仅掌握专业知识，还具备企业所需的良好思想品德、心理素质、身体素质以及必要的技术能力，从而为基层服务和国家建设做出积极贡献。

第一，提升思想觉悟，躬身实践服务。思政育人教育的首要任务是提升学生的思想政治觉悟。这包括引导学生树立正确的世界观、人生观和价值观，培养他们深厚的家国情怀，强化责任感和服务意识。高校应当注重立德树人，重点培养高品德、高素质的人才。通过微党课、政治教育、集中性理论学习等方式，加强学生的党性觉悟，使他们在日常行为中能够践行正确的道德价值观。

思政育人的成效不仅仅体现在思想觉悟的提升，更需要能够激励学生积极参与实践活动并为社会提供服务。这种实践与服务的结合，能够使学生在实际工作中将所学知识运用于实践，为社会建设贡献自己的力量，从而不仅增强了他们的综合素质，也促进了个人价值的实现。全面发展是思政育人的重要目标之一，不仅在德育和智育方面要有所涵盖，还应当注重体育、美育和劳育等方面的培养。应用型高校应当在这些领域中发掘学生的潜能，培养他们的兴趣爱好，实现多方面的全面发展。

第二，融合课程思政，增强专业水准。近年来，应用型高校在人才培养方面不断探索，积极推进思政理论与专业知识的融合，旨在更好地满足国家发展需求与专业水准提升的双重目标。这一努力体现在课程设计、课堂氛围以及课程成果等多个方面，以培养学生的学风建设和家国情怀为着眼点，注重塑造学生的道德水平、集体观念以及劳动意识等方面的全面素质。在这一过程中，专任教师起到关键作用，他们不仅需要具备扎实的理论素养，还要有高度的政治觉悟，以将政治理论有机地融入教学工作中，从而为学生营造更加积极向上的学习氛围。

为了实现政治理论与专业知识的有机融合，应用型高校制定了适用于其学生的课程思政模式，通过精心设计，使政治理论自然而然地融入专业知识的学习之中。这种模式不仅仅关注知识的传授，更注重培养学生的创新能力和实际应用能力，以适应快速变化的社会需求。在这一过程中，学校建立了条线培养体系，将劳动教育融入其中，旨在规划学生的整个学习生涯，提供分类指引和精准指导，从而培养出能够服务地方和产业的复合型、应用型、创新型人才。

第三，加强技能提升，培养应用人才。为了加强学生的技能提升，应用型高校积极为学生提供各种平台与机会。学校加强与实习基地的联系，开设课程指导，并举办技能大赛等活动，旨在促进学生的实际技能提升。同时，学校在专业技能培养中注重政治引领，努力培养学生的服务奉献意识，鼓励他们愿意到基层就业，为社会的发展作出积极贡献。

为了更好地推动应用型高校的人才培养工作，学校还积极进行学生就业跟踪，与企业进行深入沟通联系，评价学生在实际工作中的表现，为学生提供适应企业需求的指导和措施，从而帮助学生更好地融入职场，为国家和社会的发展贡献力量。

综上所述，高校在时代发展的引领下，积极探索新的思政育人模式，旨在实现立德树人的使命。无论是培养实践型人才、引导工匠意识的树立，还是借助"三全育人"理念实现全员思想引领，亦或是以"德行、知识、技能"为标准全面提升育人成效，高校都在为培养更好的社会栋梁而不懈努力。

二、基于应用型人才培养模式下的课程思政教育建设

近年来，中国教育改革持续发展，其目标由单一专业能力的提升转向了全面发展人才的培养。在这一潮流下，高校纷纷探索创新的教学方法。其中，上海应用技术大学成为了一个典型的例子。作为一所应用型本科院校，该校的教育理念聚焦于培养应用型人才。这种教育理念在教学中得到了充分体现，通过将德育与专业教育相结合，实施了独特的课程思政模式。这一模式将思政教育有机融入专业课程，紧密结合时代特征，旨在培养德才兼备的专业应用型人才。这种创新的教育方法不仅使学生在掌握专业知识的同时也能培养出高度的社会责任感和道德观念。通过紧跟时代步伐，将思政教育与专业课程相结合，上海应用技术大学不仅在培养具有专业技能的人才方面取得了显著成就，同时也为中国教育改革树立了积极的典范，促进了德育与专业教育有机融合的良好发展趋势。

（一）基于应用型人才培养的课程思政教育建设思路

近年来，高等教育的焦点逐渐转向了培养应用型人才，这成为一项崭新的目标。这一目标的核心在于培养学生不仅具备坚实的理论基础，同时还能够灵活运用所学知识解决实际问题。与此同时，课程思政作为一种育人实践活动，通过政治思想课程、专业课程等的融合，致力于实现全面教育。

虽然应用型人才培养和课程思政教育都以育人为本，与立德树人目标紧密相连，但它们在侧重点上存在一些差异。应用型人才培养更加注重与产业特点的契合，强调解决实际问题以及技术创新能力的培养。相反，课程思政教育则着眼于价值观的引导和教育目标的明确。

要想培养出优秀的应用型人才，就必须把思政教育置于首位，将其与专业课程有机结合，并采用多样化、灵活的教学方法。这不仅能够帮助学生树立正确的人生观和价值观，还能够在知识传授的同时培养学生解决实际问题的能力。

基于应用型人才培养的课程思政教育建设具体从以下三方面落实：

1. 提升教师自身思政素质

在高校的课程体系中，教师被视为推动课程思政建设的主导因素。他们的政治素养和文化素养被赋予至关重要的角色，因为深刻的思政认识是推进这一进程的基石。高校以立德树人为己任，因此课程思政建设成为塑造德智体美劳全面发展的学生的迫切要求，而师资建设则被视为强化这一建设的首要任务。

为了更好地履行这一使命，教师需要不断提升自身的思政素质，增强政治意识。他们需要勇于探索创新的思政教育方法，以更富吸引力和感染力的方式引导学生。教师应该将自己视为先进思想文化的传播者，坚定地支持党的领导，并自觉地承担起引导学生成长成才的责任。

为实现这一目标，教师不能止步于传道授业，还需要在不断受教育中保持自身的更新。他们应深入学习古今中外与专业相关的人物事迹及精神，将这些宝贵的文化资源融入自己的教学实践中，使学生在知识的同时也汲取人文精神的滋养。

教师的个人修养同样不容忽视。通过持续的学习，教师能够提升政治、文化和职业修养，将自身的素养与传授知识的过程相结合，从而提高思政教育的实效性和深度。

除了个体努力，高校也应该积极开展教师思政培训，促进交流学习。借鉴那些取得成功的示范思政课程的教学方法和经验，可以为广大教师提供宝贵的借鉴和启示。这种共同的学习和交流氛围将有助于构建更为丰富多彩的课程思政教育体系，更好地服务于高校立德树人的使命。

2. 增强课程思政教学体系

为确保教学内容切实与实际生活相结合，首要步骤是编写教学大纲。教师以专业理论知识为基础，巧妙地挖掘与实际生活相关的思政内容，使之在教学中得以体现。同时，德育教育被有机地融入教学大纲，确保思政内容贯穿于整个课程体系。

制定课程思政实施方案是建设教学体系的下一步。基于详细的教学大纲，教师制定切实可行的课程思政施行计划，编写教案，将专业课与思政教育有机结合，优化教学方法，使学生在学习专业知识的同时也能获得思政教育的启发。

教师借鉴其他课程思政改革的成功经验，进行教学经验的借鉴与优化，积极学习其他学校的教学模式，并根据实际情况优化教学方法，确保专业课与思政教育紧密结合，取得更好的教学效果。

为培养学生的思政意识和能力，教师强调培养学生在专业课中挖掘思政元素的意识。通过引导和训练，学生逐渐提升运用思政进行理论分析和解决实际问题的能力，使他们能够更好地将思政理念融入实际工作和生活中。

通过精心设计的课程体系，促进学生的全面发展。教师致力于培养学生在生产、生活等实际问题中灵活运用思政进行解决的能力，使学生在未来能够胜任各种工作与挑战，为社会的进步与发展做出积极贡献。

3. 凸显课程思政内容建设

课程思政内容建设的核心目标在于通过富有启发性的课堂教学来实现。在课程展开之前，教师充分依据教学大纲进行准备，着重将思政元素与专业知识相融合。这种有机的结合，不仅能够帮助学生深刻理解专业领域，更能引导他们在思维和行为上形成正确的人生观和世界观。

课程的实施过程中，通过生动的案例，如 α-苯乙醇的制备实验，学生被引导着认识到实践是获取真理的重要途径。以黄鸣龙还原法为例，教师精心介绍，倡导学生在科学研究中保持严谨的态度和坚定的意志。这种科学方法的灌输，不仅有助于学生在专业领域中取得优异成绩，更培养了他们在面对困难时永不放弃的精神。

单纯的理论知识远远不足以塑造出优秀的专业人才。学生除了需要掌握扎实的专业知识和实验技能，还要养成细致严谨的学习作风。这意味着他们需要在化学合成实验中，对于产率和产品性状的微小差异予以关注，并实事求是地记录数据。这种严谨的态度将有助于他们培养自己在科学研究中严密推理的能力。

培养学生的严谨思维，不仅仅局限于科学领域。教师通过引导学生运用辩证唯物主义思想来分析问题，帮助他们远离学术不端行为，树立正确的人生价值观。这样的教育不仅使学生在学术道路上始终保持诚实守信的原则，更为他们未来的社会角色扮演提供了坚实的道德基础。

（二）开展课程思政教育建设的收获与启示

1. 开展课程思政教育建设的收获

课程思政教育被视为一项广泛而深刻的系统工程，其核心在于将思政意识渗透到每门学科、每节课中，从而实现对学生的全面影响。以有机化学实验课为例，教育者明确在备课和教学过程中注入思政内容，这一举措带来了积极而显著的变化。

（1）学生们表现出更强的学习主动性和思考意识。随着思政内容的融入，学生们对课程产生了更浓厚的兴趣，他们在实验中投入更多的精力，因此实验结果的质量和成绩也有了显著提升。这种变化表明，思政教育不仅仅局限于灌输知识，更能够激发学生内在的求知欲望。

（2）课程思政的实施为学生们注入了新的学习动力。思政教育的内容与方法激发了学生们积极学习的愿望，他们逐渐认识到学习的重要性，这从而改善了整体的学习氛围。同学们逐渐从被动接受转变为积极参与，形成了一种良好的互动和合作氛围。

（3）教学策略的调整为课程注入了更多人文关怀。教育者在课堂中引入了讨论、竞赛、论文等环节，这些环节涉及科学精神等主题，不仅丰富了课程内容，也为学生们提供了更多展示自己的机会。这种多样化的教学方法改善了学习氛围，让学生们在学习过程中更多地感受到人文关怀和积极的学术氛围。

2. 开展课程思政教育建设的启示

在当前迅猛发展的信息科技时代，大学生正处于知识获取多元丰富的阶段，他们自我意识强烈，具备高度的自主性和创造性。因此，在开展课程思政教育时，必须深刻理解学生的时代特点，以更好地引导他们走向正确的价值观和人生道路。为此，课程思政教育方式必须具备情境性和生动性。这意味着教育者应当运用现代科技手段，将科技时事与科学理念融入教学过程，使得思政教育更具吸引力和实效性。通过引入科技元素，如多媒体、虚拟实境等，可以更好地激发学生的兴趣，加深他们对思政内容的理解与感悟。同时，将科技与情感相结合，可以引导学生通过情感共鸣来思考和探讨道德、社会、人生等议题，从而使思政教育更加贴近学生的生活和成长需求。

除了关注学生时代特点，课程思政的内容也至关重要。课程思政应当紧密结合科学本质和精神，以更好地服务于立德树人的目标。教育者应当善于在科技类课程中挖掘科学的普遍原理和价值观，将其有机融入课程思政的教学中。这种融合不仅可以帮助学生理解科学的本质和意义，更能够引导他们从科学的角度审视人生、社会和价值观等重要问题。通过将科学思维和人文关怀相结合，课程思政可以更好地引导学生培养独立思考、创新精神和社会责任感。此外，课程思政内容的设计应当具备分层次、步骤性的特点，使得学生在不同阶段能够逐步深入理解和探讨思政的核心内容，从而实现循序渐进的教育效果。

第六章　高校应用型人才培养模式的专业定向——土木工程专业

第一节　土木工程专业人才培养模式、培养目标

一、土木工程专业应用型人才培养模式

土木工程专业人才培养模式是指为了满足土木工程行业发展需求，培养土木工程领域的专业人才所采取的一系列有系统性、针对性的教育培养方式和模式。这一模式的设计旨在使学生具备扎实的理论基础、深厚的专业知识、广泛的实践经验以及创新能力，从而能够适应土木工程领域的职业要求。

土木工程专业人才培养模式的核心是培养学生的综合素质和能力。在知识方面，学生需要掌握土木工程的基础理论知识，如土木工程概论、工程制图与计算机绘图、土木工程材料、理论力学、材料力学、结构力学、流体力学、工程地质、土力学等，并学习土木工程领域的专业知识，如工程测量、土木工程施工、建筑结构设计、工程经济与管理等。学生还需要通过实践教学和实习实训等方式，将所学知识应用于实践，提高解决实际问题的能力，如认识实习、生产实习、毕业实习、课程设计、毕业设计等环节。

在培养过程中，学校和教师起到了重要的指导和引领作用。学校需要制定科学的培养方案和教学计划，明确培养目标和要求。教师要具备扎实的专业知识，具有丰富的实践经验，并能够将知识有效地传授给学生。教师还需要通过课程设计和教学方法的创新，激发学生的学习兴趣和主动性。

除了学校和教师的作用，学生自身的积极性和努力也是培养模式的重要组成部分。学生需要主动参与学习，积极思考和探索问题，并通过课外阅读

和科研实践等方式提升自己的专业素养。学生还可以通过参加学术交流和竞赛活动，提高自己的综合能力和竞争力。

在实施土木工程专业人才培养模式的过程中，需要注重培养学生的创新能力。土木工程领域需要不断创新和技术进步，因此培养具有创新思维和创新精神的人才是非常重要的。学校可以开设创新创业课程，组织学生参加创新项目和科研竞赛，培养他们的创新能力和团队合作精神。

土木工程专业人才培养模式还需要与实际需求相结合。土木工程领域的发展日新月异，需要不断更新和改进培养模式，以满足工程实际的需要。学校和企业可以开展合作，建立实习基地和实训中心，为学生提供实践机会和实际工作经验。同时，学校还可以与企业合作开展科研项目，促进科学研究与工程实践的结合，培养具有创新能力和实践能力的人才。

二、土木工程专业人才培养目标

"土木工程专业是一门工科专业，重点在于培养学生知识应用能力和实践能力，涉及三大力学、施工技术与管理、房屋建筑、桥梁隧道等知识"[1]。土木工程专业人才培养目标是指通过系统的教育培养方式和模式，培养具有综合素质和能力的土木工程领域专业人才，这一目标旨在培养理论知识扎实、实践能力突出，具有良好的人文修养、审美情操、创新思维、团队精神和终身学习意识，适应建筑工程、公路工程等基本建设领域发展需求，毕业后能够从事土木工程勘察、设计、施工、管理、投资、开发等工作，培养能够理解、分析、评价和解决复杂工程问题的应用型高级工程技术人才，培养德智体美劳面发展的社会主义的建设者和接班人。

毕业后 5 年左右预期：能够成为相关企业和行业的技术、管理骨干，能够成为合格的土木工程师。

培养目标归纳为：

目标 1：掌握土木工程学科相关知识，能够适应土木工程技术发展，具有综合运用多学科知识及现代工具，分析、研究及解决土木工程专业复杂工程问题的能力；成为热爱本职工作，有良好的职业道德、较强的专业知识和扎实的工作作风的企业技术人员。

① 邓小芳，李治，钱凯 . 新工科背景下应用型土木工程人才培养研究 [J]. 创新创业理论研究与实践，2022，5（15）：102.

目标 2：具有综合考虑经济、环境、法律、安全、可持续发展等方面的影响因素，针对具体工程问题提出系统解决方案，并具有对方案进行比选、优化及决策的能力；成为熟悉本行业安全生产法律、法规、行业标准和规程的专业技术骨干。

目标 3：具有团队合作、沟通表达和工程项目管理的能力，能够在设计、施工或管理团队中发挥骨干作用，并具备一定的领导能力；成为有丰富的专业知识和实干能力，并掌握企业的核心技术、核心工艺、核心业务等的专业技术负责人。

目标 4：在土木工程领域的设计、施工与管理过程中，具有良好的职业道德、人文社会科学素养和社会责任感；成为能独挡一面处理各种常见的技术问题，如技术革新，排除隐患、提高生产效率、降低产品成本等的项目经理人。

目标 5：具有国际视野、终身学习意识和创新精神，能够通过自主学习拓展知识，提升专业持续发展能力；成为适应土木工程行业科学技术发展需求的行业专家。

根据人才培养目标定位，土木工程专业要求毕业生达到以下培养标准：

第一，土木工程专业人才应具备扎实的专业理论知识。他们需要熟练掌握土木工程所需的数学、自然科学和工程基础知识，能将复杂工程问题用科学和专业的语言加以描述，能针对特定复杂工程问题建立相应的数学模型；能够推理复杂工程问题对应的数学或力学模型的正确性，并能正确分析求解模型；能够基于科学原理，设计解决复杂工程问题的实验方案；能够在工程实践中理解和评价土木工程项目建设和运行对环境、社会可持续发展的影响；理解并掌握经济决策方法，具备对工程项目进行技术经济分析的基本技能。

第二，土木工程专业人才应具备广泛的专业知识。他们具有综合分析、研究及解决土木工程专业的复杂工程问题能力；能够综合利用数学、自然科学、工程基础、专业知识和数学模型方法，对土木工程复杂问题解决方案进行设计、比较和优化；能够应用数学、自然科学、工程科学的基本原理准确识别复杂工程问题的关键环节和参数；通过图纸、图表、文字、建模等方法简洁、有效、准确地表达复杂土木工程问题；能够运用数学、自然科学和工程科学基本原理，借助文献、规范、标准或图集等资料研究，理解和分析土木领域复杂工程问题的影响因素和多样性，并获得有效结论；掌握结构单元和节点构造的受力特点和设计方法，合理制定结构单元的设计、施工和管理方案；能够采用科学方法，针对特定复杂工程问题进行实验研究，并能准确采集实验数据；能够基于科学原理，处理、分析和解释实验数据，并通过信息综合对复杂工程问题进行解释和分析。

第三，土木工程专业人才应具备广阔的实践经验。仅仅掌握理论知识还不足以胜任土木工程实践中的各项任务。因此，学生需要参与到实践教学和实习实训中，通过实际操作和实践项目的参与来提升自己的实践能力。学校可以与企业合作，为学生提供实践机会，以便他们能够在真实的工程项目中学习到更多的经验。在实践中掌握与土木工程相关的现代工程工具、信息技术工具和模拟软件的原理与使用方法，并理解其局限性；具有系统的土木工程相关工程实习和社会实践的经历，熟悉土木工程相关的技术标准、知识产权、产业政策和法律法规；能够针对具体的复杂工程问题，开发或选用恰当的工具进行模拟研究和预测分析，并能理解其局限性。能够熟练撰写试验报告、工程设计报告、文稿及绘制设计图纸，准确而有效地表达专业见解，具有良好的文字与口头表达能力；理解并掌握工程管理基本原理，能够应用工程管理知识对工程项目进行组织与管理，并具有一定的领导能力。

第四，土木工程专业人才应具备团队合作能力、良好的沟通表达能力和工程项目管理能力；能够在多学科背景下的团队中与其他学科的团队成员进行有效沟通、合作共事的能力；能够独立或与团队其他成员协助完成团队分配的任务，作为团队负责人具有组织、管理和协调团队全体成员共同解决问题的能力；能够正确理解土木工程与相关专业之间的关系，具有与业界同行、相关专业人员及社会公众良好的沟通与交流能力。

第五，土木工程专业人才应具备创新能力。土木工程领域需要不断创新和技术进步，培养具有创新思维和创新精神的人才对行业发展至关重要。学校可以开设创新创业课程，引导学生思考和解决实际问题。在进行土木工程建设方案、施工工法的开发设计，在开发设计中体现创新意识。学生还可以参与科研项目和学术竞赛，以培养他们的创新能力和团队合作精神。

第六，土木工程专业人才应具备道德素养和职业道德。在工程领域，职业道德是非常重要的，因为土木工程涉及到公共利益和安全。学生需要学习职业道德的规范，注重工程实践中的安全和质量，并遵守职业道德的准则。同时，他们还需要具备分析、比较和评价土木工程项目建设和运行对社会、健康、安全、法律以及文化影响的能力，以及这些因素对项目实施的影响，同时理解土木工程师应承担的责任；理解环境保护和社会可持续发展的内涵和意义，熟悉环境保护相关的法律法规；了解中国国情，理解中国可持续的科学发展道路。树立正确的世界观和人生观，具有良好的思想素质、道德修养和社会责任感；践行工程师执业操守、行为规范，并具有较强法律意识。土木工程专业人才还应具备跨学科的综合素质。土木工程领域的发展已经越来越强调跨学科的交叉融合，如结构工程与环境工程、岩土工程与地质学等。因此，培养学生具备跨学科的能力和知识背景，使其能够在复杂的工程项目中综合运用多个学科的知识和技能，解决复杂问题，具有更广阔的职业发展空间。

第七，土木工程专业人才培养应注重培养学生的自主学习和终身学习能力。由于土木工程行业的快速发展和技术的不断变革，要求工程人员具备持续学习和不断自我更新的能力。因此，学生应该具备具有终身学习、追踪新知识的意识，能够适应土木工程知识更新的需要，将所学知识与工程实践相结合，学以致用；具有时间管理、知识管理和信息处理能力，对自身知识、能力不断进行更新与完善。

第八，需要建立科学合理的培养体系和教学方法。首先，学校应该制定全面、系统的专业课程体系，包括基础课程、专业核心课程和拓展课程，以确保学生在不同层次和不同领域都能得到全面的知识学习；其次，应采用多种教学方法，如理论教学、实践教学、案例教学、工程实训等，促进理论与实践相结合，培养学生的动手能力和解决问题的能力。

第九，为了实现培养目标，还需要加强学校与企业的合作。学校可以与企业合作开展联合培养计划，建立实习基地和实训中心，提供更多实践机会和实际工作经验。同时，学校还可以与企业合作开展科研合作项目，加强理论研究与实践应用的结合，培养学生综合运用知识解决实际问题的能力。

第十，为了培养土木工程专业人才的综合素质，还可以引入项目化教学和团队合作学习，在模拟实际工程项目的过程中，培养学生的项目管理能力、组织协调能力和团队合作精神。此外，学校还可以鼓励学生积极参与科研项目、学术交流和实习实训等活动，培养学生的创新能力和实践经验。

综上所述，土木工程专业人才培养目标旨在培养具有扎实的理论基础、广泛的专业知识、丰富的实践经验和创新能力的综合型人才。为了实现这一目标，学校应制定科学合理的培养体系和教学方法，并加强与企业的合作，以确保培养出适应土木工程行业发展需求的高素质专业人才。

第二节　土木工程专业人才培养方案

土木工程专业的专业认证是由教育部高等教育教学评估中心、中国工程教育专业认证协会组织工程教育者与工程专家对土木工程专业的高等教育质量加以控制，以保证土木工程行业从业人员达到相应教育要求。"人才培养方案作为高校人才培养的基石和准绳，是工程教育认证贯彻落实的重要纲领性文件"[①]。土木工程专业人才培养方案主要从以下方面着手：

一、专业定位、人才培养目标与毕业要求

第一，专业定位。专业定位需要结合学校人才培养层次、办学特色面向地方，紧密结合学校所在区域城市建设及基础设施互联互通的人才需求，服务区域产业转型升级和创新驱动发展需要，面向土木工程各行业领域培养掌握扎实的土木工程学科基本理论和专业知识，能够吃苦耐劳，具备较强应用能力，掌握现代化土木工程技术、具有一定视野与创新能力，服务生产一线的行业企业的复合型、应用型、创新型的高素质土木工程人才。

第二，人才培养目标。培养德智体美劳全面发展且能适应于未来社会发展需求，具有高尚的职业道德和社会责任感，基础理论和专业知识扎实，具有一定国际视野、自主学习能力、工程实践能力、创新创业能力、团队合作能力，能够在土木工程领域从事设计、施工、管理、技术开发、教学与科学研究等工作的复合型、应用型、创新型的高素质工程人才。毕业五年后，毕业生成长为工程设计、工程施工、教学与科研等岗位的技术骨干或管理人才，并达到以下目标：①具备合格的土木工程师素质和能力，能够在行业相关领域从事工程设计、施工管理和应用研究等工作；②能够与时俱进，并通过不断学习来拓展自己的知识和研究能力，保持竞争力；③有良好的修养与道德水准，具备获取注册工程师资格的能力，积极服务社会；④具有国际视野，积极参加地方、国内、国外项目，具有在本专业有关的政治、经济、环境及

---

① 艾心荧，郑愚，孙璨，胡守旺，孙成访.土木工程专业人才培养方案改革与实践 [J].教育教学论坛，2021（40）：105.

社会等方面的决策能力。

第三，毕业要求。依据工程教育认证通用标准中的 12 条标准、《普通高等学校本科专业类教学质量国家标准》和《高等学校土木工程本科指导性专业规范》的要求，结合专业培养特色及专业培养目标的要求，土木工程专业制定了明确的、公开的、可衡量的毕业要求，通过课堂教学、讲座、竞赛、实习实践、社会活动、文化活动、大学生创新实验等教学环节，使毕业生能够达到适应行业发展需求的应用型高级工程技术人才的培养目标要求，具体毕业要求及其指标分解点见表 6-1。

表 6-1　土木工程专业毕业要求及其指标分解点

毕业要求	指标分解点
毕业要求 1：工程知识 能够将数学、自然科学、工程基础和专业知识用于解决土木工程专业的复杂工程问题。	1.1 掌握土木工程所需的数学、自然科学和工程基础知识，能将复杂工程问题用科学和专业的语言加以描述。
	1.2 具备构建复杂工程问题对应数学模型的能力。
	1.3 具有对复杂土木工程问题进行正确求解、分析的能力。
	1.4 能够将相关知识和数学、力学模型应用于土木工程复杂问题解决方案的设计、比较和综合。
毕业要求 2：问题分析 能够应用数学、自然科学和工程科学的基本原理，识别、表达并通过文献研究分析土木工程专业的复杂工程问题，以获得有效结论。	2.1 能够应用数学、自然科学、工程科学的基本原理准确识别与判断复杂土木工程问题的关键环节。
	2.2 能够通过图纸、图表、文字、建模等方法，简洁、有效、准确地表达复杂土木工程问题。
	2.3 能够考虑复杂工程实施过程中的各种影响因素，通过文献研究，获得多种解决方案。
	2.4 借助文献、规范、标准或图集等资料研究，运用基本原理，分析影响因素，得到有效结论。
毕业要求 3：设计（开发）解决方案 能够设计（开发）满足土木工程特定需求的构件（节点）、设计或施工方案，并在设计环节中考虑社会、健康、安全、法律、文化及环境等因素。在提出复杂工程问题的解决方案时具有创新意识。	3.1 掌握土木工程设计、施工、管理全周期、全流程的基本方法和技术，了解影响工程建设项目和技术方案的各种因素。
	3.2 能够针对土木工程的特定需求，完成分部分项工程、专业工程的结构、构件（节点）设计或施工方案的编制。
	3.3 能够进行土木工程建设方案、施工工法的开发设计，在开发设计中体现创新意识。
	3.4 在工程建设实施过程中能够考虑复杂工程问题的安全、健康、法律、文化及环境等制约因素。

毕业要求	指标分解点
毕业要求4：研究 能够基于科学原理、采用科学方法对土木工程专业的复杂工程问题进行研究，包括设计实验、收集、处理、分析与解释数据，通过信息综合得到合理有效的结论。	4.1 能够基于土木工程及相关科学原理，通过文献研究或相关方法，调研和分析复杂土木工程问题的解决方案。
	4.2 能够根据复杂土木工程问题特征，选择合理的研究路线，设计科学的实验方案。
	4.3 能够根据确定的实验方案，安全地实施实验，正确地采集实验数据；
	4.4 能对实验数据进行处理、分析和解释，得到合理有效的结论。
毕业要求5：使用现代工具 能够针对复杂工程问题，开发、选择与使用恰当的技术、资源、现代工程工具和信息技术工具，包括对复杂工程问题的预测与模拟，并能够理解其局限性。	5.1 熟悉土木工程设计、施工、管理相关的现代工程工具和信息工具的原理与使用方法。
	5.2 能够选择与使用恰当的仪器、信息资源、工程工具和专业模拟软件，对土木工程复杂问题进行分析、计算与设计。
	5.3 能够针对复杂土木工程问题，选用满足特定需求的现代工具，并能够进行模拟和预测，分析其局限性。
毕业要求6：工程与社会 能够基于土木工程相关的背景知识和标准，评价土木工程项目的设计、施工和运行的方案，以及复杂工程问题的解决方案，包括其对社会、健康、安全、法律以及文化的影响，并理解土木工程师应承担的责任。	6.1 熟悉土木工程相关的技术标准、知识产权、产业政策和法律法规，并具有系统的土木工程相关工程实习和社会实践的经历。
	6.2 基于不同社会文化对土木工程活动的影响，在进行复杂土木工程项目的设计、施工和运行方案进行分析、比较、评价过程中，能够合理考虑社会、健康、安全、法律等因素。
	6.3 能够通过工程实习与社会实践理解土木工程师应承担的责任。
毕业要求7：环境和可持续发展 能够理解和评价针对土木工程专业的复杂工程问题的工程实践对环境、社会可持续发展的影响。	7.1 理解生态环境保护、社会可持续发展内涵。
	7.2 在土木工程新材料、新工艺和新方法的研发与使用中，具备环境和可持续发展意识。
	7.3 基于环境和可持续发展，能够正确的理解和评价土木工程全寿命周期内的工程实践对环境和可持续发展造成的影响。

续表

毕业要求	指标分解点
毕业要求8：职业规范 了解中国国情、具有人文社会科学素养、社会责任感，能够在工程实践中理解并遵守工程职业道德和行为规范，做到责任担当、贡献国家、服务社会。	8.1 了解中国国情，具有人文知识和科学精神，理解社会主义核心价值观。树立正确的世界观和人生观，贡献国家、服务社会。
	8.2 能够在工程实践中清楚认识并践行工程师必须具备的执业操守、行为规范，并具有较强法律意识。
	8.3 能够在土木工程实践中履行对公众的安全、健康、福祉和环境保护方面的社会责任。
毕业要求9：个人和团队 在解决土木工程专业的复杂工程问题时，能够在多学科组成的团队中承担个体、团队成员或负责人的角色。	9.1 具备在多学科背景下的团队中与团队成员进行有效沟通、合作共事的能力。
	9.2 胜任团队成员的角色和责任，并能在团队中独立或合作开展工作。
	9.3 作为团队负责人具有组织、管理和协调团队全体成员共同解决问题的能力。
毕业要求10：沟通 能够就土木工程专业的复杂工程问题与业界同行及社会公众进行有效沟通和交流，包括撰写报告和设计文稿、陈述发言、表达或回应指令。具备一定的国际视野，能够在跨文化背景下进行沟通和交流。	10.1 能够熟练撰写报告、工程设计文稿及绘制设计图纸，具有准确有效地表达专业见解的能力，具有与业界同行、相关专业人员及社会公众良好的沟通与交流能力。
	10.2 了解土木工程领域的国际发展趋势及研究热点，理解尊重世界不同文化的差异性和多样性。
	10.3 具备一定的国际视野，掌握外语听、说、读写能力，能够在跨文化背景下对土木工程复杂问题进行有效沟通和交流。
毕业要求11：项目管理 在与土木工程专业相关的多学科环境中理解、掌握、应用工程管理原理与经济决策方法，具有一定的组织、管理和领导能力。	11.1 了解土木工程设计、施工、管理全周期、全流程的成本构成，理解并掌握工程项目中涉及的管理与经济决策方法。
	11.2 在土木工程领域的工程管理与经济决策问题中，运用工程管理与经济决策方法对工程项目进行组织与管理。
毕业要求12：终身学习 具有自主学习和终身学习的意识，具有提高自主学习和适应土木工程新发展的能力。	12.1 能认识不断探索和学习的必要性，掌握自主学习的方法，具有自主学习和终身学习的意识。
	12.2 能针对个人或职业发展的需求，具有自主学习、适应土木工程领域新发展的能力。

二、课程体系的构建

课程体系的构建需深入贯彻我国工程教育认证倡导的"以学生中心""产出为导向""持续改进"三个基本理念，围绕国家加快建设和发展新工科的新形势与新要求，紧跟建筑行业工业化及信息化的发展需要，广泛征集校内外行业专家、学者及一线工程师的意见和建议，着力构建以能力培养为核心，以人才培养结果为导向的课程体系。

第一，构建 OBE 理念下"能力培养和价值塑造"多维度融合的理论课程体系。应用型高校人才培养模式定位是以学生为中心，以适应社会需求为目标，以培养技术应用能力为主线，以学生未来发展潜力为着眼点。因此，要十分重视学生的实践能力、工程素养、创新思维和能力的培养，形成人才培养特色。参照教育部工程专业教育认证及《普通高等学校本科专业类教学质量国家标准》，完善课程体系的设置。根据人才培养目标和毕业要求设置课程，明确各门课程对于实现培养目标的贡献及程度，进行培养目标、培养理念和课程体系的一体化设计；进一步实现课程体系的整体优化，构建有机衔接、比例协调、层次分明的课程体系，着重建设专业核心课程，注重课程之间在逻辑和结构上的联系与融合。

第二，构建"课堂内外—学校内外—专业内外"多维度递进式土木类专业实践教学体系。在以应用型人才培养为核心，时间上有递进、空间上有拓展、整体上有设计的系统的实践教学体系下，全面提升学生的工程实践和创新能力，具体如见图6-1所示。

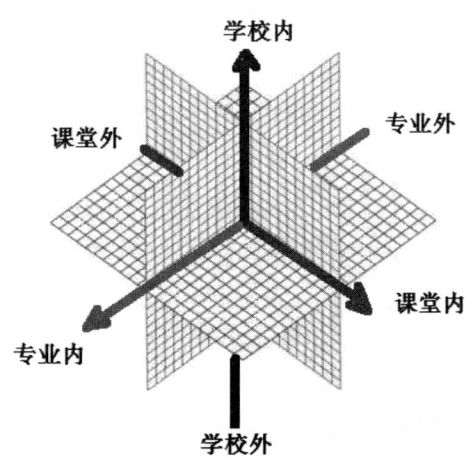

图6-1　多维度递进式土木类专业实践教学体系

课堂内，在实验课、创新实践课、课程设计、综合实习等方面，充分结合工程背景或管理实践，并精心设计贴近工程实际的案例，接触前沿动态，开拓专业视野。

课堂外，课外实践、科技竞赛和课外自主创新活动等强调在实践和社会工作中提升学生的综合素质，将所学知识落于实处，提高综合能力。

学校内，依托省级重点实验室和虚拟仿真实验中心、校工程实训中心优化实验、实习、开放实验室、助理实验员等活动，强调人人参与"实践＋创新"的训练。

学校外，突出办学特色、产教融合、协同育人，着力打造面向应用型人才培养的高水平实践基地，重视学生工程实践能力的培养。

专业内，通过完善人才培养体系、优化课程体系、改革教学理念与方式，着力强化学生实践创新能力培养，突出专业实践能力。

专业外，学生参加生产实习、社会工作、省级、国家级学科竞赛，将创新思维、专业技能或综合管理知识运用到实践中去。锻炼学生的人际交往、团队协作、统筹协调等各方面能力。树立正确的职业观和价值观，养成良好的职业素养和行业操守

第三，完善创新创业课程体系，构建有层次、有衔接、立体化的创新创业课程体系。土木类专业作为典型的传统工科专业，面对快速发展变化的技术和行业需求，尤其需要改革创新，优化教学内容，探索和实践新的教学模式和教学方法，以培养适应时代需求具有创新能力的专业人才

第四，OBE 理念与课程思政相融合。新时代工程师不仅要具备丰厚的专业知识，还必须具备道德、政治、经济、法律、文化、环境、管理等多方面素养。不仅要培养会做事的人才，还必须教会他们深刻理解可不可做即社会环境、文化等外部约束、坚持可持续发展；该不该做即道德及价值取向、法律底线、工程师的使命感责任感；值不值得做即项目的社会经济效益，展现大国工匠精神。OBE 理念中的工程素养领域恰恰是课程思政育人的目标及出发点，两者可以有机结合。专业核心课教师要认识到思政教育本来就是专业课程育人目标的责任和义务，切实理解立德树人是一个"价值塑造、知识传授、能力培养"有机统一的过程，从而增强课程思政建设的责任感和使命感。

三、人才培养的创新举措

人才培养的创新举措具体包含以下方面，如图 6-2 所示。

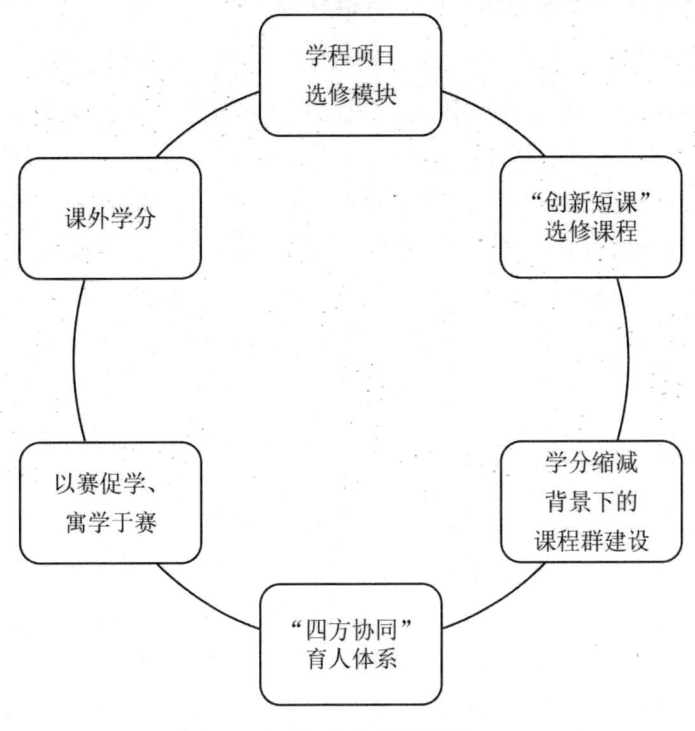

图 6-2 人才培养的创新举措

（一）学程项目选修模块

针对当前建筑行业面临的建筑工业化、BIM（Building Information Modeling）技术和建筑物修复等发展热点及人才素质需求，针对性设置三大学程项目选修模块：BIM 技术及应用选修模块（BIM 技术概论、BIM 建模应用技术、BIM 应用与项目管理）、装配式建筑选修模块（建筑工业化概论、装配式混凝土建筑构造与设计、装配式混凝土建筑制作与施工）、结构检测 / 鉴定 / 加固选修模块（工程结构检测与鉴定、工程结构加固、工程结构监测），学生通过相应模块全部课程考核后可获颁学程证书。

（二）"创新短课"选修课程

基于本科生科研导师制，创设"科研课题研修短课""工程专题研讨短课""专业技能实训短课"三类小班专业选修课，将前沿科学研究和工程技术转化为教学内容，推动科研反哺本科教学，加强了本科生创新思维和能力训练。

（三）学分缩减背景下的课程群建设

在减学分、不减内容及培养效果的指导思想下，通过课程调研、课程内容分析重构，形成了"不同课程相同知识点不重复，必修＋选修"的课程群建设思路。首先，明确多门课程共有的知识内容，根据知识点出现的先后顺序及课程总体框架内容关系密切程度划分其重点归属课程，其他课程只做简单介绍；其次，对于某一门课程的知识内容体系进行深入分析，按其重要性及相关性进行取舍，对于舍弃部分通过新增／并入其他选修课予以保留。基于此，构建四个课程群：土木工程制图课程群、混凝土结构设计课程群、土力学与基础工程课程群、土木工程施工课程群。

（四）"四方协同"育人体系

通过建立产学研实践基地，聘任政企协专家担任客座教授／课程导师，校企共建课程，企业导师进课堂，开展土木工程行业知识系列讲座，毕业设计课题工程实际化＋设立毕业设计企业导师，人才培养方案修订调研／座谈，安排实习实训及毕业生就业等多种形式手段，切实建立与地方政府职能部门、行业协会、行业领军企业、地方实力企业之间的有机联系和有效沟通，优化政、校、企、协多方之间信息畅通机制，积极联合本地区行业的各类协会、企业及行政管理部门，努力开展多维度、多角度的人才培养合作，打造"校—政—企—协"四方协同实践育人体系。

第一，邀请政府主管部门、行业协会、企事业单位，深度参与专业人才培养方案的修订，充分听取各方的人才需求及培养意见，提升人才培养方案的科学合理性及社会认可度。

第二，与企业联合开办"装配式建筑结构设计与施工""结构工程CAD""就业指导"等多门课程，充分发挥行业专家的技术与实践经验优势开展教学，学生反响热烈。

第三，强化毕业设计选题工程实际化的要求，鼓励学生或校内导师到工程一线联合企业获取毕业设计选题；同时通过企业和学校同时配备指导教师的双导师制，提高学生解决实际问题的能力。

第四，构建"央企—国企—行业领军企业—地方实力企业"多层次产学研基地。涵盖工程建设、勘察、设计、施工、监理、造价咨询、检测／鉴定／加固、建筑信息技术、建筑工业化、城市更新等多领域、多层次、多方位的实践基地。

第五，充分利用协会的本地资源优势，发挥企业的工程项目资源及用人需求，为学生提供良好的实习实践及就业平台，企业接收实习生并一对一为其安排带教工程师。

（五）以赛促学、寓学于赛

学科竞赛作为一项兼具趣味性与专业性的活动，能够较好地架立专业知识技能与实践应用之间的桥梁，提升学生的学习兴趣。通过开展大学生力学竞赛、大学生结构设计竞赛、大学生结构信息设计竞赛、大学生工程测量竞赛、大学生 BIM 应用技能比赛、大学生工程造价技能竞赛等学科竞赛，构建"校—省—国"多层次、全方位的学科竞赛体系，极大地调动了学生的学习兴趣和积极性，较好地解决了部分专业课程内容理论性强，缺乏针对性实践教学，导致学生学习兴趣不高，理论联系实际能力偏低等问题。

（六）课外学分

课外学分根据专业人才培养方案进行认定。一般课外学分包含创新创业类模块和素质拓展类模块。通过上述模块学分的修读，进一步培养和提升学生的人文素养、综合素质及创新创业能力。

第三节　土木工程专业课程体系架构

一、土木工程专业实验课程体系

土木工程专业培养适合我国发展建设需要，德智体美劳全方位发展，掌握土木工程专业需要的专业知识与基本技能，通过对学科系统性的学习研究，掌握专业理论知识，并通过教学中的实验、实习等环节的实践，达到土木工程师基本训练，具备符合新时代需求的土木工程领域的高素质应用型人才。

随着社会的技术经济不断进步，科技发展日新月异，土木工程专业知识与技术在实践中得到了快速的发展，原有的课程教学体系已明显滞后于生产实际。各级教育管理部门都在推动教育改革，从 OBE-CDIO 到新工科建设，改革实质都是为了培养符合时代需求的工程师。教育改革的核心不仅是教育手段与教学方式的创新，更重要的是课程体系与教学内容的与时俱进。"只有不断更新教学内容，让学生学到与社会接轨的知识技术，课堂才更具有吸引力"①。

实验教学通过学生现场操作，达到验证理论知识、训练学生实际动手能力的作用。土木工程作为一门应用性较强的学科，其教学体系应更加侧重于实验、实习等教学环节，让学生通过专业学习和实践锻炼具备工程师初步水平。土木工程专业实验课程体系主要包含以下方面，如图6-3所示。

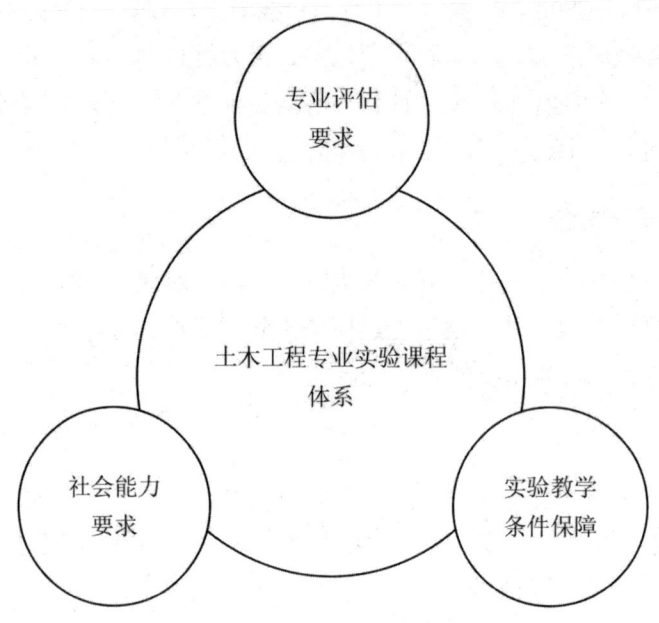

图6-3　土木工程专业实验课程体系

第一，专业评估要求。住房和城乡建设部高等教育土木工程专业评估委员会发布的《全国高等学校土木工程专业评估（认证）文件（2017年版）》对土木工程专业教学体系做了系统性要求，通用标准中毕业要求、课程体系、支持条件等方面都对实验教学进行了要求，补充标准中课程体系对土木工程专业实验具体内容进行了定义，包含了从大学物理实验、材料力学实验等基础实验到建材实验、土木工程测试技术等专业实验课程。

---

① 曹文泽.土木工程专业实验课程体系教学改革探讨［J］.贵州农机化，2023（1）：57.

第二，实验教学条件保障。实验教学对知识点的要求与应用更为严格，需在掌握理论知识后运用于实际操作中，故需要配备较强师资队伍来指导实验教学，实验教学过程应由课程主讲教师与专职实验教师共同指导。指导教师应积极参与科研与社会实践，充分了解实验的最新动态，积极引入行业发展增加的实验项目。同时，学校应逐年增加实验室建设投入，或者通过校企合作共建实验室，及时更新与扩充实验教学设备，使实验教学和生产实际同步发展。

第三，社会能力要求。随着土木行业的发展，工程质量检测机构也日益增多，实验人员应根据行业动态掌握更多的实验技能，以满足试验检测的需要。以建设工程检测行业为例，工程质量检测资质按照其承担的检测业务内容分为专项检测机构资质和见证取样检测机构资质两大类。

目前高校实验教学内容多数根据课程和实验室设置，将知识点分散化、碎片化，不利于知识的项目化应用，后期应结合实验条件与行业需求，将分散的实验内容根据检测项目需求打包教授，提高学生实际解决问题的能力。教学类实验室建设与发展应以社会需求为导向，逐步向行业化、市场化过渡，以市场需求促教学改革，以教学科研促行业发展，实现实验教学与社会需求相统一。

综上所述，土木工程专业具有较强的实践性，在实验教学上较其他专业要求更高，实验教学改革应以社会需求为导向，紧跟行业发展，不断更新教学内容，提升教学质量，使实验教学能够真正转化为学生实际能力。

二、基于 BIM 的土木工程课程体系

近年来，BIM 技术在建筑工程中获得广泛应用，幕墙工程等在该技术的辅助下，无论是施工效率还是竣工质量，均有了显著提升。然而，从整体上来看，BIM 技术的使用者仍以小部分设计单位为主，其普及程度十分有限，经分析认为，受到该技术人才稀缺的影响，BIM 技术的推广严重受限，较同类型国家，BIM 技术的创新与发展也明显滞后。基于此，推动相关专业课程体系教学改革，重视 BIM 技术人才的培养极具现实意义。

BIM 技术的引进，使我国现代土木工程的构建模式迎来了革新。新兴技术的合理应用，主要依托于技术人员的思维与技能，只有优质的专业技术人才，才能充分发挥技术的应用价值，达到提高施工效率和工程效益的最终目的。土木工程专业院校是向建筑行业供应优秀人才的主要场所，在教学过程中进

行 BIM 技能教育，很大程度上为企业节约了相关技能的培训成本，并能使人才就业后，迅速适应工作环境，满足岗位需求。"学生作为培养对象，要熟练掌握先进技术和操作技能，才有可能成为行业的领军者，在激烈的人才竞争中脱颖而出"[①]。

基于 BIM 的土木工程课程体系改革主要从以下方面着手：

第一，改革目标。作为课程建立的重要环节，教学目标的确定关系重大，其关系到学生通过课程所需了解、理解、掌握、运用的知识与技能。在设置课程目标时，还需对 BIM 技术的应用现状、建筑企业对 BIM 技术人才需求等主动情况进行综合考量，并结合高校专业发展规划特点，设置具有专业特色的课程体系目标。例如美国的德克萨斯大学，该校开设了一门 BIM 专题课程，教学目标囊括了 BIM 技术的原理、演变历程、现阶段的应用范畴及应用方法，涉及参数化建模、网络技术、设计性能仿真等多领域。在华盛顿大学开设的项目管理理念课程中，同样涉及应用 BIM 进行数字化信息管理的课程，这些比较成功的教学模式均值得国内高校参考借鉴。

第二，体系建立。鉴于 BIM 是具有绘图效率高、各专业协作性强等特点，因此在学习 BIM 技术时务必要通过一个规范、系统化的课程体系。国外对这一板块盛行的课程设置方法主要有两种，一种是单独开设一门 BIM 课程，另一种就是在现有专业课程中设置 BIM 教学板块。BIM 课程体系只有结合教学目标和专业特点科学设置，才能达到预期的教学效果。BIM 技术的应用一方面是软件操作技能；另一方面是工程技术能力。从国内高校在土木工程专业人才培养现状来看，大部分本科生会在低年级学习基础课程，大三、大四时才会进行专业知识的学习。基于此，在 BIM 课程体系的设置方面，有必要督促低年级学生学习 BIM 初级知识，如该技术的演变历程、发展趋势、定义与概念、原理与应用等。进入到大三、大四后，课程体系应将 BIM 同专业知识体系进行有机结合，将其植入各专业课程中，在巩固学生掌握的 BIM 相关知识点的同时，拓展学生知识面。

第三，科目设置。建筑工程设计施工往往会涉及诸多主体，较为常见的有业主、建筑设计师、项目经理、现场管理人员、机械工程师等。在施工阶段，各主体间的关系相当复杂，信息交互性差，直接导致办公效率较低。BIM 的协同工作模块完全可以解决以上问题，在协同工作模式中，各主体将能通过

---

① 杨柳. 基于 BIM 的土木工程课程体系教学改革研究 [J]. 知音励志，2016（21）：69.

直观的三维显示沟通。随时更新修改后的模型。设立 BIM 跨学科协同课程，有利于促使学生更为全面地了解建筑构造的详细工作流程，提高学生专业知识及技能的学习效率。较单一课程而言，跨学科课程体系十分复杂，该体系集多学科专业知识于一体。但鉴于各学科专业特点、教学目标等均有一定差异，因此有必要成立相关部门，对各学科课程设置进行专业的统筹与规划。

综上所述，本书针对基于 BIM 的土木工程课程体系教学改革研究展开了系列探讨，旨在提高 BIM 技术的教学效率与质量，从而培养出更多更优质的 BIM 技术人才，为建筑行业的发展储备良好动力。工程经验的缺乏是高校培养 BIM 人才所面临的主要问题，要扫除这一阻碍并非一日之功。因此，BIM 技术人才的培养不仅需要高校教育，建筑企业同样也要大力开展相关技能的培训，共同参与到 BIM 技术人才的培养。

三、基于"双一流"背景的土木工程专业课程体系

"双一流"建设坚持问题导向，打破身份壁垒，鼓励各高校公平竞争，为我国"量大面广"的地方高校内涵发展、转型发展和跨越发展提供了前所未有的利好政策，同时也给地方高校提出了严峻的挑战，如何创建"双一流"成为地方高校面临的共同课题。"双一流"创建的关键在于一流的本科教育，而实现一流本科教育就必须构建与其相适应的专业课程体系。目前许多地方高校正处在向应用型转变的关键时期，"双一流"建设的深入实施将有力地推动地方高校的转型发展。"土木工程专业作为典型的应用型专业通常是地方本科高校转型发展的突破口，其课程体系的建设将对相关应用型专业课程体系的建设起到良好的示范作用"①。

（一）土木工程专业课程体系的构建

借助新一轮土木工程专业人才培养方案的机会，高校利用最新的工程教育专业认证指标体系，紧密围绕专业人才培养目标进行了课程体系的重构。这旨在适应应用型人才培养的要求，为达成培养目标提供有力支撑。新的土木工程专业课程体系围绕四大平台展开，这些平台教育将覆盖不同毕业要求和培养目标，为实现目标提供支持。

---

① 孙磊，孙林华."双一流"背景下土木工程专业课程体系的构建 [J]. 黑龙江教育（高教研究与评估），2021（5）：51.

第一，通识教育课程平台。通识教育课程平台由通识教育必修课程及选修课程组成，必修课程按照课程类型可分为思政类、外语类、军体类和计算机类，选修课包括人文社会科学类与美学教育类，通过"思政类＋军体类＋人文社会科学类＋美学教育类"相关课程的有机融合强化学生的人文素养，塑造正确的三观，以"英语类＋计算机类"相关课程的学习作为知识工具，实现学生工程与社会能力、职业规范素养培养的要求。

第二，学科专业基础课程平台。为了契合"大土木"背景下的工程教育趋势和要求，按照"厚基础、宽口径"的人才培养原则开设大土木学科专业基础课程以支撑全体学生毕业要求的达成。所设课程内容以"知识＋能力"培养为核心，形式上则采用"理论＋"的方式，如通过"理论＋实验"理论＋实习实训"理论＋课程/毕业设计"等方式，同时加强课程间的联系，尤其是根据土木工程专业特点做好数学类与力学类课程之间的融合，旨在培养学生项目管理以及终身学习的能力。

第三，专业方向课程平台。考虑到"大土木"涉及多个专业和领域且知识结构差异较大的实际情况，本课程体系设置了建筑工程方向课程选修模块以及环境岩土及地下工程方向选修课程模块，以保障学生所学专业知识的系统性和完整性。相关课程的开设实行动态调整机制，以适应经济社会发展需要以及学生个性发展需求，如在建筑工程方向设置 BIM 应用技术和装配式建筑工程概论等课程，就是为了适应建筑信息化对新形势下建筑类人才的需求，相关课程旨在培养学生的问题分析能力和研究能力，从而具备解决复杂工程问题的能力。

第四，综合拓展与双创课程平台。创新创业教育与实践和"第二课堂"是培养学生创新意识和提升综合素养的重要抓手，对学生设计（开发）解决方案能力以及使用现代工具能力的培养至关重要。相关课程的理论讲授主要采用专家讲座的形式展开，实践环节则跟专业教师的纵向与横向课题"互联网＋"挑战杯"以及土木类的专业赛事（如结构设计大赛）等结合起来，旨在培养学生的创新创业意识，满足个人与社会的需求。

（二）土木工程专业课程体系的实施对策

实践性是土木工程专业的典型特征，同时也是目前教学的最薄弱环节。因此，新的课程体系要想顺利实施并有力支撑人才培养目标的达成就必须把提升学生的实践能力作为第一要务，具体从以下方面开展相关工作：

　　第一，提升专业教师教学与实践能力。首先在教师教学能力提升方面，学校、学院以及教研室建立常态化的随机听课、评课制度，从专业的角度给予客观公正的评价并提供切实可行的改进意见；在教研室内部要求每一位土木工程专业授课教师都必须熟悉工程教育专业认证指标体系并参与到新版人才培养方案的修订当中，各自承担课程的目标和内容要与某一项或几项毕业要求及培养目标建立明确的支撑关系，每位教师选取承担课程中对毕业要求指标具有强支撑关系的内容，深入研讨如何有效地组织教学。其次在教师实践能力提升方面，学校和学院要积极融入地方的发展进程中，通过提升服务地方经济建设的能力为青年教师参与工程实践搭建平台；青年教师必须主动作为，勇于到工程一线从辅助性工作着手，不断积累实践经验，成为名副其实的"双师型"教师。最后就是青年教师必须要尽快完成从学生到教师角色的转变，充分认识到自身与学生在认知水平与接受能力上的巨大差距，不断反思是否真正践行了以学生为中心的教学理念以及如何提升自身教学与实践能力。

　　第二，规范实践教学。作为培养学生创新意识并将理论应用于实践的关键环节必须要体现对学生能力的考察，一方面是规范实验室的管理，实行专人负责制，配备专门的实验员或是适当提高负责实验教师的待遇，提高其开展实验教学的积极性，同时注重实验过程的考核，即学生实际动手制样和仪器操作能力的评价；另一方面是建立一些与专业和就业对口且稳定的校内外实践教学基地，分批次地组织学生进行各项实习实训，对课程设计和毕业设计等实践环节实行多元化的选题和分层分类的指导并加强过程监管。

　　第三，深化校企合作。校企合作育人是实现应用型人才培养目标的重要举措之一，学校以及学院的管理部门应当切实做好服务和对接工作，实现学校与企业的良性互动，定期组织行业与企业专家学者来校或是教师去企业进行学术和技术交流，将企业的意见纳入专业人才培养方案的修订以及课程体系的构建当中，积极为教师到企业挂职锻炼、参与横向课题研究以及学生开展实践教学创造条件。

　　土木工程专业作为学院最具潜力且重点建设的专业之一，其今后的发展对学院整体的内涵发展、转型发展和跨越发展意义重大，在全国高校都在积极谋划和推进"双一流"建设这一大背景下，从目前土木工程专业课程体系存在的突出问题出发，尝试从专业认证的视角对土木工程专业课程体系进行了重构，对课程的目标、内容以及课程体系的内涵建设上进行深入思考以满足学生及经济社会发展的需求，通过课程目标以及课程体系对毕业要求的支撑，最终实现毕业要求对培养目标的支撑。

第四节　土木工程专业校企合作模式探索

土木工程专业校企合作模式是指学校与企业之间建立合作关系，共同开展教学、科研和实践活动，以促进土木工程专业人才的培养和行业发展。这一模式的核心是通过学校和企业的资源整合和优势互补，实现教育与产业的紧密结合，以培养适应行业需求的高素质人才。土木工程专业需要结合院校定位、专业特点、市场需求等因素积极创新人才培养模式，丰富课程体系，提高人才培养质量。如今土木工程建筑理论更加丰富，施工过程机械化和自动化程度较高。因此，高校必须根据社会发展变化创新土木工程专业人才培养模式，提高实践教学的比重，构建实践与理论一体化的教学模式，让学生有更多的机会参与实训，提高学生对土木工程专业知识的理解和运用能力。高校可以依托校企合作实际情况，调整土木工程专业的人才培养模式，提高教学的针对性和实效性。

一、土木工程专业校企合作模式的意义

土木工程专业校企合作模式的探索对于提高教育质量、促进产学研结合和推动行业创新具有重要意义。

第一，土木工程专业校企合作模式的探索有助于提高教育质量。传统的课堂教学往往难以全面满足学生的需求，而通过与企业的合作，可以增加学生的实践机会和实际工作经验。企业可以提供实习实训岗位，让学生亲身参与真实的工程项目，进行实际操作和解决实际问题，从而更好地将理论知识应用到实践中。同时，企业还可以为学生提供专业指导和实践经验分享，帮助他们更好地了解行业需求和就业前景，以及培养实际工作技能和能力。这种与企业的实践合作，能够提高学生的综合能力和职业素养，使他们更好地适应行业发展。

第二，土木工程专业校企合作模式的探索能够促进产学研结合。土木工程行业的发展与科学研究密不可分，通过与企业的合作，可以促进学术研究

与实践应用的结合。学校可以与企业共同开展科研项目，解决行业实际问题，提升科学研究的实用性和可行性。企业可以提供相关数据和资源支持，为学术研究提供实际基础。同时，学校的研究成果也可以为企业提供技术支持和创新动力。通过产学研结合，能够建立良好的技术转移和创新平台，促进土木工程领域的科学研究和技术创新。

第三，土木工程专业校企合作模式的探索有助于推动行业创新。土木工程行业正面临着新的挑战和机遇，需要不断创新和技术进步。通过与企业的合作，可以共同探索行业的前沿技术和发展趋势，开展联合研发和创新项目。学校可以利用自身的教育资源和研究实力，为企业创新提供支持和智力继续，学校可以利用自身的教育资源和研究实力，为企业创新提供支持和智力，共同开展新技术的研发和实践应用。企业可以提供实际的工程项目和市场需求，为学校的研究成果提供实际应用场景和市场推广的支持。通过合作创新，可以加快土木工程领域的科技进步，推动行业的发展和转型升级。

二、土木工程专业校企合作模式的实践要求

在实施土木工程专业校企合作模式时，具体的实践要求包含以下方面：

第一，要建立起稳定、长期的合作关系。土木工程的培养需要一定的时间和资源，因此学校与企业之间应该建立可持续的合作机制，确保合作的稳定性和长期性。这可以通过签署合作协议、建立联合实验室等形式来实现。同时，还需要保持密切的沟通和协作，及时解决合作中出现的问题和困难，并随时根据行业需求和学生发展调整合作方向和内容。

第二，要充分发挥学校和企业的优势，形成优势互补的合作关系。学校拥有专业教育资源和科研实力，可以为企业提供高素质的人才培养和技术支持；而企业则拥有市场需求和实践经验，可以为学校提供实践机会和实际工作平台。通过充分利用各自的优势，可以打造出更具竞争力和适应性的教育培养模式，实现人才培养和行业需求的良性互动。高校要积极与企业展开合作，举办多样化的企业招聘活动，设置专业的企业班，根据企业的实际需求安排相应的教学内容，提高教学的针对性；安排企业人员定期来班级考察，加强学生和企业之间的联系。可以安排企业来院校进行讲课和经验交流活动，让学生更加了解建筑行业的实际要求，明确自身未来发展规划。

第三，要加强师资队伍建设和教师培训。教师是土木工程专业校企合作中的重要角色，他们既是学生的引导者和指导者，也是与企业对接的桥梁。

因此，学校需要加强师资队伍建设，提高教师的专业水平和实践能力，使他们能够适应校企合作的需求和挑战。学校可以通过教师培训和交流活动，提升教师的行业认知和实践能力，使他们能够更好地与企业进行合作，并将实践经验和案例融入教学过程中，提高教学质量和效果。

第四，要加强评估与反馈机制，不断优化和改进合作模式。在实施校企合作模式的过程中，需要建立科学的评估和反馈机制，及时了解合作效果和问题，并采取相应的措施进行调整和改进。学校可以组织专门的评估团队，定期对合作项目进行评估和监测，收集学生和企业的反馈意见，发现问题并提出改进建议。通过评估与反馈机制，不断优化校企合作模式，提高合作的效果和成效。

参考文献

[1] 逢博，陈光 . 高校应用型人才培养实践教学评价体系构建研究 [J]. 科技视界，2022（2）：138.

[2] 冯旻舒 . 大数据视域下地方本科高校应用型人才培养模式研究 [D]. 武汉：武汉理工大学，2017：26.

[3] 陈晶晶 . 创新创业思维与高校数字应用型人才培养模式探究 [J]. 中国新通信，2022，24（4）：95-97.

[4] 卢建光 . 智慧教育时代高校应用型人才培养模式创新研究 [J]. 四川轻化工大学学报（社会科学版），2022，37（4）：88.

[5] 郭娟 . 数字经济背景下地方本科高校"三位一体"联动的应用型人才培养模式探索与实践——基于大学生第二课堂的视角 [J]. 宿州教育学院学报，2022，25（1）：15.

[6] 范浩阳 . 校企合作背景下高校应用型人才培养模式分析 [J]. 人才资源开发，2021（21）：60.

[7] 孙跃 . 应用型人才培养体系建构研究 [M]. 武汉：华中科技大学出版社，2021.

[8] 周洪波，周平 . 高校应用型人才培养机制创新研究 [J]. 高教学刊，2017（19）：19.

[9] 邓小芳，李治，钱凯 . 新工科背景下应用型土木工程人才培养研究 [J]. 创新创业理论研究与实践，2022，5（15）：102.

[10] 艾心荧，郑愚，孙璨，等 . 土木工程专业人才培养方案改革与实践 [J]. 教育教学论坛，2021（40）：105.

[11] 曹文泽 . 土木工程专业实验课程体系教学改革探讨 [J]. 贵州农机化，2023（1）：57.

[12] 杨柳.基于 BIM 的土木工程课程体系教学改革研究 [J].知音励志，2016（21）：69.

[13] 孙磊，孙林华."双一流"背景下土木工程专业课程体系的构建 [J].黑龙江教育（高教研究与评估），2021（5）：51.

[14] 李丽.基于校企合作的土木工程专业人才培养模式创新探索 [J].建筑结构，2023，53（9）：157.

[15] 康胜.地方高校应用型人才培养策略初探 [J].山西青年，2019（24）：50.

[16] 佟琳琳.地方本科高校转型发展背景下应用型人才培养模式研究 [J].中国多媒体与网络教学学报（上旬刊），2019（1）：36.

[17] 杨佩月，李运方，乔颖.应用型本科高校新文科人才培养教学质量保障体系建设研究 [J].创新创业理论研究与实践，2022，5（16）：133.

[18] 孙瑾.新建本科高校应用型人才培养质量监控环节及保障机制 [J].经贸实践，2016（21）：269.

[19] 陈晔，林铿，孙忠梅.地方高校应用型人才培养模式探索 [J].中国高校科技，2012（4）：45-47.

[20] 王芳.基于供给侧改革的高校应用型人才培养 [J].江苏高教，2016（5）：103-106.

[21] 杨岭，赵光锋，毕宪顺.地方高校应用型人才培养供给侧改革的路径研究 [J].江苏高教，2021（9）：60-63.

[22] 丁亚金.论高等教育属性及地方高校应用型人才培养 [J].当代教育科学，2014（7）：55-57.

[23] 符茵.以就业为导向的高校应用型人才培养模式探究 [J].继续教育研究，2017（11）：105-107.

[24] 齐文浩，李新光，杨兴龙.地方高校应用型人才培养的目标、障碍与实现路径 [J].教育教学论坛，2018（38）：47.

[25] 李薇薇，孙秀玲.浅议高校应用型人才培养方案的制定与实施 [J].当代教育实践与教学研究，2017（10）：92.

[26] 谢添.高校深化应用型人才培养的路径研究 [J].创新创业理论研究与实践，2023，6（8）：1-3+21.

[27] 沈威.高校应用型人才培养路径与区域经济发展融合的探讨 [J].活力，2023（3）：131.

[28] 张维今，娄雅茹．新形势下高校应用型人才培养模式探讨 [J]. 人才资源开发，2022（15）：82.

[29] 吴曌，王郡．基于工匠精神的高校应用型人才培养模式构建 [J]. 中学政治教学参考，2020（37）：103.

[30] 刘海峰．高校应用型人才培养模式研究——建立开放、综合、多维实践体系 [J]. 齐齐哈尔师范高等专科学校学报，2020（3）：12-14.

[31] 徐小琴．大数据背景下高校应用型人才培养模式改革探讨 [J]. 创新创业理论研究与实践，2020，3（7）：117-118.

[32] 周建超，杨俊林．新建本科高校应用型人才培养模式改革的探索实践 [J]. 扬州大学学报（高教研究版），2020，24（1）：27-33.

[33] 张君诚，刘健，龚兵丽．地方高校应用型人才培养模式创新实践——以"两导向三聚焦"模式为中心 [J]. 三明学院学报，2020，37（1）：90-95.

[34] 黄明月．近十年国内地方高校应用型人才培养模式研究综述 [J]. 湖北第二师范学院学报，2020，37（1）：92-96.

[35] 郭文俊，杨泽民，张叶娥．新工科背景下地方高校应用型人才培养模式探究 [J]. 软件，2020，41（1）：102-105.

[36] 梁丹．地方高校应用型人才培养模式的实践 [J]. 西部素质教育，2020，6（1）：153-155.

[37] 郑全新．地方高校应用型人才培养模式实施路径探索 [J]. 南方农机，2019，50（2）：7-8.

[38] 丁国超，郑喜群．新农科背景下涉农高校应用型人才培养模式探索与实践 [J]. 才智，2023（17）：64-67.

[39] 郝耀飞．地方高校工商管理专业应用型人才培养策略探析——评《地方高校工商管理专业应用型人才培养模式研究》[J]. 教育理论与实践，2023，43（12）：2.

[40] 朱妹丽．"融入式"创新创业教育视域下高校数字媒体专业应用型人才培养模式研究 [J]. 电脑知识与技术，2022，18（22）：90-91+94.